meditatio

osmar ludovico

MUNDO CRISTÃO

São Paulo

Meditatio
Categoria: Espiritualidade

Editora responsável: Silvia Justino
Editor assistente: Omar de Souza
Revisão: Theófilo Vieira
Supervisão de produção: Lilian Melo
Colaboração: Miriam de Assis
Capa: H. Guther Faggion
Imagem: Vadim Zhobolov

Os textos das referências bíblicas foram extraídos da *Nova Versão Internacional* (NVI) da Sociedade Bíblica Internacional.

Dados Internacionais de Catalogação na Publicação (CIP)
(Câmara Brasileira do Livro, SP, Brasil)

Ludovico, Osmar

Meditatio / Osmar Ludovico. — São Paulo : Mundo Cristão, 2007.

Bibliografia.
ISBN 978-85-7325-487-7

1. Espiritualidade 2. Vida cristã I. Título.

07-5869 CDD-255

Índice para catálogo sistemático:
1. Espiritualidade : Vida cristã : Cristianismo 255

Publicado no Brasil com a devida autorização e com todos os direitos reservados pela:
Associação Religiosa Editora Mundo Cristão
Rua Antônio Carlos Tacconi, 79, São Paulo, SP, Brasil — CEP 04810-020
Telefone: (11) 2127 4147 — Home page: www.mundocristao.com.br

Editora associada a:
- Associação de Editores Cristãos
- Câmara Brasileira do Livro
- Evangelical Christian Publishers Association

A 1ª edição foi publicada em agosto de 2007.

Impresso no Brasil
09 08 07 06 05 04 03 02 01 07 08 09 10 11 12 13 14 15

Sumário

Dedicatória

A Isabelle, a mulher da minha vida,
que há três décadas
tem sido minha companheira amorosa e leal.

Agradecimentos

A meu pai Oswaldo e minha mãe Guiomar,
com quem Deus dividiu sua honra de Criador,
e que se tornaram com ele co-criadores da minha vida.

Prefácio

"Seja bem-vinda ao contexto da contracultura." Foi assim que minha percepção avaliou o primeiro contato com o pastor Osmar Ludovico. Era inverno de 1996, e eu, que já não me conformava com a *performance* medíocre de muitas propostas de trabalho e líderes cristãos, senti-me reconfortada. Havia esperança!

Naquela oportunidade, fui transportada para um ambiente do qual não queria mais me distanciar, que possuía também minhas inquietações e visão de vida cristã. Na verdade, estava apenas fazendo uma reportagem como tantas outras. Era sobre o Projeto Grão de Mostarda (PGM), implantado por aqueles que passei a chamar de "os quatro mosqueteiros" do reino de Deus: Osmar, Ricardo Gondim, Ricardo Barbosa e Valdir Steuernagel.

Ali em Campinas, no interior de São Paulo, conheci o grupo com sua missão corajosa e urgente: motivar pessoas à reflexão, à lucidez e à maturidade emocional e espiritual. Passei a incorporar cada vez mais aquela mentalidade, dando voz à sua mensagem, como jornalista, e trazendo motivação a tudo quanto fazia, como pessoa. E tudo acontecia dentro de um cenário ameaçador de barulho crescente e luz decrescente. Isto não mudou muito. Muitos de nós, porém, mudamos para melhor!

Feitos os elogios e reconhecimentos, foi pela contribuição de Osmar que aprendemos a não ceder ao raso de nós mesmos e de nossa fé. Falo dele com carinho e admiração porque foi quem mais acolheu minha ânsia em agregar aquele diferencial ao meu *modus operandi*. Esse homem de Deus, nada comum, evidencia consistência, sabe sondar a alma, prioriza a intimidade com Deus e incentiva a leitura da Bíblia com o coração, e não apenas com a razão. Que privilégio!

Lembro-me de quando entrevistei James Houston, fundador do Regent College em Vancouver, no Canadá, escritor e admirável pensador. Era 1999, e ver Houston e Osmar lado a lado foi um espetáculo de duplo efeito: emotivo e espiritual. Grande lição de vida para alguém que precisava colocar em palavras impressas tudo o que absorvia. Entre uma palavra e outra, o pastor escocês falava de sua amizade com C. S. Lewis. Minha lente aumentou o *zoom* e, surpreendentemente, vi-me focando a humildade daqueles dois homens. A imagem de Osmar se sobressaiu. Ele era um brasileiro, era também o nosso mentor.

Não há escapatória: o caminho do discipulado é estreito e requer disposição para caminhar na contramão do sistema no qual estamos inseridos. Osmar fez isso por toda a vida, mesmo antes de se converter, nos anos 1970. Contundência, visão diferenciada e sensibilidade já estavam nele quando se envolveu com a cultura *hippie*, drogas e *rock'n roll*, quando foi preso no Líbano e no Carandiru. Só que os caminhos de conflitos foram impactados pela graça de Deus. Osmar foi alcançado.

Mais luz e menos barulho: lá estava ele, agora na companhia de John Stott e Hans Bürki, com quem aprendeu muito. De um lado, o aprendizado e o encontro com a missão integral; de outro, a espiritualidade clássica. O resultado? Osmar passou a gerar frutos raros, valiosos. Na sua quietude, vivenciou experiências comunitárias profundas, tornou-se pastor de igrejas, enfatizou a importância dos relacionamentos no contexto cristão, lembrando que o

Deus da Bíblia é Pai, Filho, Espírito Santo, três seres que se interpenetram num eterno abraço de amor.

Mas também se transformou em porta-voz do valor do silêncio e da contemplação: "Somente quando entramos no silêncio, numa dimensão íntima, solitária, é que somos levados ao nosso próprio coração e ao coração de Deus. É só quando sei estar sozinho e quieto diante da face silenciosa e amorosa de Deus que minha narrativa é transformada, minha linguagem deixa de ser explicativa, argumentativa, para se tornar a linguagem da intimidade".

Sua trajetória foi marcada pelo que há de melhor para a construção de um evangelho legítimo, sem modelo de mercado, sem cultos bem produzidos, sem fama ou *marketing*. Focado no conteúdo, optou pela igreja da periferia — aquela quase anônima, mas sacrificial, envolvida com a realidade de quem sofre. Osmar, nosso mentor, meu e de tantos outros, optou pelo simples, pelo pequeno, por um ministério mais parecido com o projeto de Jesus de Nazaré. E para um bom entendedor, é fácil perceber que muitas e muitas vezes, "less is more".

Isabelle, a companheira francesa, ideal, amiga, sensível e parceira, foi incorporada aos benefícios da amizade com o querido pastor. Ela também passou a ser referencial. Pelo ministério afora, os dois conseguem reluzir, não de forma utópica, mas esperançosa, a luz incomum de quem busca nada mais nada menos que Cristo aqui na terra.

Com Ludovico e Isabelle, outras oportunidades de *upgrade* cristão surgiram. Participar de um encontro sobre espiritualidade deu-me mais recursos para refazer caminhos, desconstruir e construir a Virgínia. Que exercício necessário e feliz! Reuniões contemplativas e de revisão de vida foram parte desse bom caminho. Mas o ganho não podia ser só meu. Por isso, fiz uma proposta para que minha igreja convidasse Osmar e sua esposa para falar em nosso Encontro de Família. E lá vieram os dois, diretamente de Curitiba, onde moravam na época.

Mas em julho de 2002 foi a vez de trazer Osmar para o contexto literário. Fiz uma proposta para que começasse a produzir textos, expor suas idéias, agrupar pensamentos em palavras que pudessem ser acessadas pelo grande público. Motivei-o a ser colunista da revista *Enfoque*. Ele hesitou: "Virgínia, não sei se vou conseguir". Ele não apenas conseguiu, como agora apresenta esta obra como resultado de seu esforço e sua vocação nesses anos conosco, incluindo a maioria dos textos publicados em sua coluna "Vida Cristã". Seu talento está não apenas no conteúdo, mas na forma.

Pouco a pouco, nosso mentor — e, mais que antes, escritor — revelou-se simples e profundo em sua mensagem. Conquistou leitores e admiradores de sua reflexão. Hoje chega a nós com suas meditações sobre devoção, cotidiano, comunhão, família, fé, igreja e sociedade. Todas úteis, cheias de um silêncio pacificador, de um ideal de vida acessível a qualquer mortal. O custo é alto, o caminho é estreito e repleto de contracultura. Mas faço parte dos que só ganharam com essa escolha.

Dito isso, tenho esses e tantos outros motivos para convidar você a ler *Meditatio* e experimentar "a boa, agradável e perfeita vontade de Deus", quando há interesse em fazer um bom exercício de revisão de vida. Disponha-se a redescobrir o valor de sua espiritualidade.

Virgínia Rodrigues
Editora, revista *Enfoque*

Introdução

O LEITOR PODE PERGUNTAR por que este livro tem o título de *Meditatio* num tempo em que as línguas clássicas não são mais usadas e o latim é uma língua morta. Por que não chamá-lo, simplesmente, de *Meditação*?

Ao usar *Meditatio*, fazemos referência a uma das mais marcantes e significativas páginas da história da Igreja. É uma expressão que vem desde a época dos pais do deserto, que foi muito utilizada e praticada pela Monástica e sistematizada no que chamamos de *Lectio Divina* pelo monge cartuxo Guigo II. Ele utiliza a idéia de uma escada para a prática da *Lectio Divina*, sugerindo uma subida para um encontro no alto, no monte de Deus, e logo uma descida para um encontro nas profundezas, no fundo do meu coração.

Statio (preparação), *Lectio* (leitura), *Meditatio* (meditação), *Oratio* (oração), *Contemplatio* (contemplação), *Discretio* (discernimento), *Collatio* (compartilhar) e *Actio* (ação) são os degraus dessa milenar tradição de ler a Bíblia. Esses passos constituem um movimento integrado em que cada degrau conduz ao outro. Passo a passo, lentamente saboreando cada passo em direção ao topo para, em seguida, descer ao vale, voltar ao concreto e ao cotidiano.

Assim diz Guigo II: "A leitura — *Lectio* — é o estudo atento da Escritura feito com um espírito totalmente orientado para sua compreensão. A meditação — *Meditatio* — é uma operação da inteligência, que se concentra, com a ajuda da razão, na investigação das verdades escondidas. A oração — *Oratio* — é voltar com fervor o próprio coração a Deus para evitar o mal e chegar ao bem. A contemplação — *Contemplatio* — é uma elevação da alma que se levanta acima de si para Deus, saboreando as alegrias da eterna doçura". E completa: "A leitura leva à boca o alimento sólido; a meditação o corta e mastiga; a oração o saboreia; a contemplação é a própria doçura que alegra e recria".

A *Lectio Divina* pode ser vista na perspectiva da encarnação do Logos:

1. Um anúncio que tem uma história não vem de repente, mas exige um preparo de longa data. Maria se prepara, se vulnerabiliza, se torna disponível para acolher a Palavra. É necessária a presença do Espírito que a encobre com o poder do Altíssimo. Maria está desperta e ativa para o mistério desse acontecimento incomum. Ela é fertilizada pelo Espírito.
2. Um tempo de gestação: são nove meses, um acolhimento nas entranhas, no escuro, no silêncio, um trabalho interior. Parece que nada está acontecendo, não parece produtivo. Tomamos consciência, estamos grávidos, mas uma parte ainda está inconsciente, escondida. Um processo, algo ainda pequeno, sem forma, algo que muitas vezes é desprezado, mas já é a semente de algo novo.
3. Tempo de parir, de dar à luz. O fruto do nosso interior. A semente é dele, mas tem a contribuição do nosso útero. Na parábola do semeador, a Palavra é semente e o nosso coração, a terra. Fica no escuro, no secreto durante algum tempo, para brotar e finalmente dar fruto. Palavra que habitou em nós e se torna palavra viva para o mundo. Palavra que se transforma em gesto, atitude, narrativa.

A *Lectio Divina*, que também se tornou conhecida nos nossos dias como Meditação Cristã ou Leitura Orante, é a arte de ouvir o coração de Deus, dizia São Gregório Magno. O objetivo não é um estudo bíblico ou uma exegese. É leitura bíblica que nos conduz a uma experiência de encontro com Deus e a uma experiência de oração. Êxodo 33:11 diz: "O SENHOR falava com Moisés face a face, como quem fala com seu amigo".

O propósito da *Lectio Divina* não é simplesmente aumentar nosso conhecimento intelectual, mas nos levar a um encontro vivo com Jesus Cristo. Tal encontro não nos deixa ilesos, mas faz que nossa pobreza espiritual aflore, nossos pecados venham à tona, bem como nos indica o caminho da transformação da vida. Sem isso, podemos conhecer as Escrituras sem que elas penetrem nas dimensões mais profundas do nosso ser, para tocar nossa consciência, nosso coração, nossa vontade.

Na leitura meditativa, a Palavra não é interpretada, mas recebida, uma palavra única, exclusiva, que nos ajuda a penetrar no "mistério, que é Cristo em vocês, a esperança da glória" (Cl 1:27). Na *Lectio* não empregamos a "força de vontade" ou uma disciplina da ordem da razão ou do esforço, mas lemos a Palavra para que ela surpreenda, para que toque a alma a partir de uma revelação pessoal, dirigida pelo Espírito por meio de nossa intuição, nossa imaginação, nossos afetos e sentimentos.

Para ler a Bíblia meditativamente precisamos de um tempo de preparação, de corpo relaxado, de alma apaziguada, de espírito pronto e alerta. Começamos fazendo contato com o corpo, suas dores e tensões, procurando relaxar em uma posição confortável. Faremos, então, contato com a alma e seus muitos ruídos internos, procurando trazê-la de volta ao seu sossego (Sl 116:7: "Retorne ao seu descanso, ó minha alma, porque o SENHOR tem sido bom para você!").

Oramos ao Senhor, em quietude, com serenidade, aguardando o Senhor (Sl 130:5: "Espero no SENHOR com todo o meu ser, e na sua palavra ponho a minha esperança"). Então lemos a Palavra, sem forçar nada, deixando acontecer, nos entregando a ela, iniciando um diálogo com Deus no profundo da alma. Podemos manter um diário com nossas meditações, nossos eventos de alma, resgatando uma linguagem mais poética, mais metafórica, uma linguagem da alma, dos sentimentos, dos afetos. Davi tinha um diário, que se tornou o livro de Salmos, onde contava e cantava sua vida com Deus.

Ler a Bíblia meditativamente significa fazê-lo como quem saboreia as palavras; significa saber parar quando um texto ou mesmo uma palavra nos toca, nos fala ao coração diretamente, nos fortifica; significa permanecer com essa palavra sem a necessidade de procurar outras, e tão longamente quanto ela se mover em nós, operar em nós, realizar em nós. Operar o quê? Realizar o quê? Gerar o quê? A alegria de viver, a segurança da presença de Deus, de sua salvação, de seu amor incondicional.

Com a Reforma, rompemos com uma tradição permeada de equívocos como a Inquisição, venda de indulgências e um sacerdócio corrupto. Mas também perdemos muita coisa boa como a patrística, a mística medieval e a *Lectio Divina*. Ao enfatizar a compreensão racional das Escrituras, podemos acabar cortados de outras maneiras que Deus tem para falar conosco, mais intuitivas, que dependem mais da iluminação do Espírito Santo, o qual nos capacita a discernir a revelação divina.

Conheci a *Lectio Divina* nos anos 1970, com o dr. Hans Bürki. Tenho, desde então, estudado mais acerca dessa prática espiritual; também a tenho praticado individualmente, e nos últimos vinte anos, ensino a pessoas e grupos interessados num amadurecimento espiritual que emerge do silêncio, da solitude, do recolhimento e de um desejo de maior intimidade com Deus, consigo e com o próximo. As meditações reunidas neste livro constituem fruto dessa experiência.

Osmar Ludovico da Silva
Cabedelo (PB), inverno de 2007

PARTE 1

COMUNHÃO
Meditações sobre a devoção

A amizade de Deus

NOSSO DEUS É EMANUEL, Deus presente, Deus perto, Deus conosco. Quando contemplamos o mistério da Trindade, percebemos que o Senhor é a eterna comunhão entre três iguais em beleza, força e dignidade. Estão de tal forma voltados um para o outro que se interpenetram num eterno abraço de amor.

Por isso, João, o apóstolo amado, afirma que Deus é amor (1Jo 4:8). De fato, o Senhor é a eterna comunhão de amor. Quando nos convertemos, literalmente voltamos para a casa do Pai, para o abraço de Deus, isto é, a experiência cristã é a experiência de rendição ao amor divino.

Na radicalidade de seu amor para conosco, a Trindade envia seu representante encarnado para conviver conosco, identificar-se com nossa humanidade, andar entre nós. Jesus Cristo, o Filho, por sua vez, escolhe doze homens, caminha com eles, misturando-se à realidade e ao cotidiano. Não os reúne para treiná-los (treinamento só é bom para animais), mas para desfrutar de sua companhia; nem para liderá-los (sequer encontramos esta palavra nas Escrituras), mas para torná-los seus amigos (Jo 15:15).

A amizade de Deus e de um irmão em relação aos outros constitui o grande chamado da fé cristã. Sem isso, tudo não passa de miragem — ou, como afirma o apóstolo Paulo, para nada se aproveita (1Co 13:3). Em Cristo, o amor do Pai se revela de forma concreta, habitando entre nós. Deixa de ser abstrato, subjetivo e desencarnado para se tornar real, presente, encarnado.

Apesar de a presença do Espírito Santo não ser física, ficamos maravilhados e somos seduzidos por ela. Diante disso nos prostramos, cheios de alegria e temor, pois o Deus inacessível e distante se fez nosso amigo! Ele nos diz: "Vocês são meus amigos (Jo 15:14), e o mundo saberá disso pela qualidade da amizade que vocês tiverem uns com os outros".

Podemos dizer que a vida cristã se define por essa presença misteriosa, secreta e íntima do Deus-amigo no cotidiano, ambiente onde as coisas mais simples e banais se abrem para a eternidade. O Ressuscitado se torna o centro da vida. Tudo é vivido nele e para ele, na alegria dele. E já não precisamos buscar coisas grandes ou elevadas demais para nós; pelo contrário, nossa alma se aquieta, descansa e apazigua, desfrutando essa discreta e envolvente companhia do Amado dia após dia.

A fé cristã se expressa, portanto, no grupo de amigos reunidos em torno da mesa e na companhia do Amigo maior, por intermédio de seu Espírito.

Ao se despedir de seus amigos, o Filho do Deus Vivo, nosso Senhor e Salvador Jesus Cristo, deixou um memorial perpétuo, símbolo daquilo que ele mais deseja realizar. Desde então, seus amigos-discípulos se reúnem em torno da mesa para comer pão e beber vinho, tornam-se companheiros, que vem do latim *cum panis*.

A fé cristã se expressa, portanto, no grupo de amigos reunidos em torno da mesa e na companhia do Amigo maior, por intermédio de seu Espírito. Enquanto trocam afetos e se alimentam para a missão de serem sal e luz no mundo, aguardam aquele dia glorioso quando, revestidos da imortalidade, estarão face a face com ele para uma festa sem fim.

Precisamos, mais que nunca, de uma reforma relacional na igreja. Muitas vezes encontro irmãos sinceros e devotados que nunca experimentaram relacionamentos profundos e significativos. Ou encontro comunidades animadas, cheias de programas e atividades, mas cujos vínculos são superficiais, impessoais.

A Palavra de Deus nos afirma que o grande mandamento é amar a Deus, ao próximo e a si (Lc 10:27); isso significa construir laços profundos de intimidade e amizade com Deus, com o próximo e consigo. Toda a Lei e toda a profecia se submetem ao chamado maior do amor. Assim, priorizar os relacionamentos não é uma opção, mas o centro do evangelho.

Para conhecer Deus

O Deus em quem cremos é *Logos*, Palavra. Ele tem voz, fala face a face como um amigo, assim como fez com Moisés, e deseja se fazer conhecido. Falou através dos profetas, veio ao mundo de forma encarnada em Cristo Jesus e a Bíblia o revela como sendo amoroso. Além disso, os céus proclamam a existência desse Deus criador, um artista excepcional que cria do nada o macrocosmo e o microcosmo, tudo de forma perfeita e bela.

Ele criou o homem à sua imagem e semelhança no sexto dia, precedendo o sábado, o tempo do desfrutar do Senhor. Ao ver a beleza do planeta e Adão, surpreendido com Eva, declamando seu cântico, Deus pára, entrando na celebração e no descanso do sétimo dia. Ele não desiste do homem, ainda que esse se rebele.

A fé cristã se contrapõe às religiões de magia e iniciação porque oferece o acesso a um livro que contém verdades definidas e veracidade histórica. Podemos estudá-lo à luz da história ou da arqueologia e constatar a poderosa revelação de Deus, seja na inspiração dos autores, em sua milagrosa unicidade, seja em sua preservação ao longo dos séculos.

Nós, evangélicos, lemos, estudamos, analisamos, esquadrinhamos e sistematizamos as Escrituras porque o cristão que se preza conhece bem o Livro. Não é à toa que, algumas décadas atrás, éramos chamados de "bíblias". Daí o perigo de tendermos para o racionalismo, o academicismo e a teorização, fazendo discursos corretos, mas que não atingem a vida, o cotidiano; um palavrório repetitivo que é fruto da capacidade humana de pensar e estudar, mas não provém de experiências reais do coração.

Isso gera o perigo de sermos tentados pela arrogância espiritual que nos torna donos da verdade, os únicos salvos e conhecedores da reta doutrina. Pobres, então, daqueles que não concordam conosco, pois são vistos como inimigos.

Muitas vezes somos como alguém que se dispõe a conhecer Paris e compra todos os livros disponíveis sobre a cidade, mapas, fotos, histórias, depoimentos. Passa anos estudando e aprende tudo sobre a cidade. No entanto, jamais esteve lá. Esse conhecimento é diferente daquele adquirido por alguém que andou pelas ruas, viu as pessoas, tomou chuva e respirou o ar da primavera em Paris.

O mesmo acontece em relação às pessoas: saber algo a respeito de alguém é diferente de estar com essa pessoa. Conhecer pela teoria é diferente de conhecer por meio do convívio.

Quando nos dispomos a conhecer melhor a Deus, descobrimos que não podemos fazê-lo de forma completa e definitiva. Algo nos escapa, pois "olho nenhum viu, ouvido nenhum ouviu, mente nenhuma imaginou o que Deus preparou para aqueles que o amam" (1Co 2: 9). Somos ofuscados ao nos aproximarmos dele, restando-nos cair de joelhos, atônitos, boquiabertos, pasmos diante do inescrutável, do inefável, do inominável, do incognoscível, do insondável de Deus.

Os místicos da espiritualidade cristã clássica encontraram mais alegria e satisfação na contemplação silenciosa do que em qualquer enunciado ou discurso sobre o Criador.

Tudo o que podemos dizer é ínfimo quando pretendemos descrever quem é Deus. Isso nos permite perceber a tremenda limitação de nossa linguagem face ao mistério divino. Por essa razão, os místicos da espiritualidade cristã clássica encontraram mais alegria e satisfação na contemplação silenciosa do que em qualquer enunciado ou discurso sobre o Criador.

Portanto, as Escrituras devem ser vistas como expressão de amor de um Deus sequioso por estabelecer vínculos de intimidade com sua criatura. Imersos nesse amor, lemos a Bíblia com olhar diferenciado. As Escrituras deixam de ser listas de doutrinas ou regras, tornando-se cartas de amor de um Deus apaixonado, como o noivo que ansiosamente aguarda a noiva.

Podemos dizer que, quanto mais crescemos na intimidade com Deus, mais apreciamos o silêncio e percebemos Deus como aquele que todas as palavras do mundo não conseguiriam descrever. Sem essa percepção do insondável de Deus, buscamos conhecê-lo por meio de cursos, estudos, conferências, palestras e das mais variadas experiências mágicas — e nunca estamos satisfeitos.

Diz a Palavra: "Adorem o SENHOR no esplendor da sua santidade" (1Cr 16:29). Quanto mais entramos no mistério da beleza de Deus, mais extasiados nos tornamos. Em vez de agitação e preocupação, optamos por nos assentar a seus pés, quietos e atentos, para sermos surpreendidos pelo toque da graça que restaura e apazigua o coração.

Aba, Pai

Jesus Cristo sentia-se tão intensamente vinculado a Deus que só conseguiu se expressar utilizando a categoria da filiação. Dirigiu-se ao Pai chamando-o de "Aba", palavra aramaica que os tradutores não ousaram tocar, pois não encontraram equivalente que expressasse todo o seu conteúdo. "Aba" ("Baba" nas línguas semíticas; "Papa", nas latinas; "Dada", nas anglo-saxônicas) é uma forma carinhosa de as crianças chamarem seus pais.

Pai é aquele que gera, cuida, protege, carrega, que dá direção e limites, que educa e lança para vida. Deus é um Pai com muitas qualidades de mãe, pois tem carinho, colo e afago. Ele é revelado ao homem essencialmente pela lógica do amor, da ternura e da proteção.

Somente a palavra "Aba", uma das palavras mais densas de todo o Novo Testamento, consegue transmitir o que Jesus Cristo sentia quando olhava para Deus. Ela nos revela esse mistério íntimo e supremo da relação de familiaridade e intimidade absoluta entre Jesus e o Pai. Com essa palavra, é possível abrir a pequena fresta no mistério divino. Uma fresta que nos deixa deslumbrados com tanta ternura, tanto cuidado e tanto afago de Deus.

Cristo chama Deus, a quem não vemos, de "Pai", "Aba", "Papai", "Painho", revelando-nos seu segredo íntimo. Lemos no evangelho de João que Jesus diz: "Eu e o Pai somos um" (10:30); e ainda: "Ninguém jamais viu a Deus, mas o Deus Unigênito, que está junto do Pai, o tornou conhecido" (1:18).

Quando Filipe pede a Jesus: “Mostra-nos o Pai”, ele responde: “Quem me vê, vê o Pai” (14:8-9). O fato de Deus Pai escolher se revelar através de Cristo apresenta dois desdobramentos: é só por meio do Filho que Deus se revela; e só podemos conhecer Deus e nos relacionar com ele através de Jesus.

A queda, no entanto, lançou-nos numa terra distante. Por isso, converter-se significa voltar para a casa do Pai, como fez o filho pródigo (Lc 15:11-24). Um Pai amoroso que nos acolhe sem restrições e pelos méritos da cruz de Cristo nos perdoa, abraça e faz festa.

Assim, a experiência humana de Jesus Cristo como Filho de Deus — bem como toda a sua vivência de dependência, vínculo, proximidade e intimidade — também pode ser nossa pela adoção, pois quando nos convertemos, nos tornamos filhos de Deus: “Aos que o receberam, aos que creram em seu nome, deu-lhes o direito de se tornarem filhos de Deus” (Jo 1:12). “E, porque vocês são filhos, Deus enviou o Espírito de seu Filho ao coração de vocês, e ele clama: ‘Aba, Pai’. Assim, você já não é mais escravo, mas filho; e, por ser filho, Deus também o tornou herdeiro” (Gl 4:6-7).

Somente a palavra “Aba” [...] nos revela esse mistério íntimo e supremo da relação de familiaridade e intimidade absoluta entre Jesus e o Pai. Com essa palavra, é possível abrir a pequena fresta no mistério divino.

A oração que Jesus ensinou a seus discípulos começa por “Aba, Pai” e expressa a invocação cheia de afeto, júbilo, louvor, alegria, submissão, intimidade e respeito. Ao invocarmos a Deus como nosso Pai, o discipulado passa a ser visto sob a ótica da filiação, marcado pela proximidade afetiva.

Os seguidores e discípulos de Jesus Cristo são vistos como filhos, irmãos entre si, e a comunidade cristã torna-se a família de Deus. Então, a caminhada de fé passa a ser permeada por essa relação de paternidade, filiação e fraternidade.

Quem somos nós? Somos pecadores a quem Deus transformou em filhos amados. Essa convicção profunda, testificada em nosso coração pelo Espírito Santo, gera a alegria da afirmação de nossa real identidade: a filiação. Ela é a grande afirmação do Novo Testamento, e "Aba" é a palavra mais exata para traduzir a experiência que temos com Deus: estamos reconciliados com o Pai celestial.

Chamados pelo nome

QUANDO ALGUÉM LHE PERGUNTA: "Quem é você?", a primeira resposta é dizer o nome que, à primeira vista, parece uma definição superficial, insuficiente. Como não dá para saber muito somente com um nome, falamos em seguida sobre a profissão, a filiação, o estado civil, a idade etc. Depois podemos contar sobre gostos, hábitos, convicções e amizades. Além disso, revelamos, quando há mais intimidade, nossa história, nossos sonhos, desejos e medos, nossas frustrações e relatamos os eventos mais significativos.

Dar nome é um evento solene e significativo em todas as culturas. O nome tem um significado profundo, pois é escolhido pelos pais, gerando a primeira experiência com o amor. O nome conduz à primeira tomada de consciência de quem se é, da identidade, do fato de existir. Ao sermos chamados pelo nome, imediatamente reagimos, pois algo nos toca no íntimo. Trata-se de uma palavra com a qual nos identificamos e por meio da qual nos reconhecemos.

No entanto, embora nossos pais tenham nos desejado, concebido e escolhido nosso nome, eles não podem determinar quem seremos. O mistério de nossa existência está além dos progenitores: "Tu criaste o íntimo do meu ser e me teceste no ventre de minha mãe" (Sl 139:13); "Contudo, tu mesmo me tiraste do ventre; deste-me segurança junto ao seio de minha mãe" (Sl 22:9).

Foi Deus quem determinou que existíssemos. Ele é o autor da vida (At 3:15). Assim, podemos dizer que ninguém tem tanto direito quanto ele de chamar os filhos pelo nome. As Escrituras mostram que o Senhor reconhece a importância do nome. Ele chama: "Abraão! Abraão!" (Gn 22:11); "Moisés, Moisés!" (Êx 3:4); "Samuel, Samuel!" (1Sm 3:10); "Marta! Marta!" (Lc 10:41); "Simão, Simão" (Lc 22:31); "Saulo, Saulo" (At 9:4). Quando somos chamados, tornamo-nos descobertos, vulneráveis, identificados e reconhecidos.

Nosso Deus é amoroso ao nos chamar pelo nome: "Não tema, pois eu o resgatei; eu o chamei pelo nome; você é meu" (Is 43:1). Jesus Cristo também o é ao afirmar: "O porteiro abre-lhe a porta, e as ovelhas ouvem a sua voz. Ele chama as suas ovelhas pelo nome e as leva para fora" (Jo 10:3).

Deus nos conhece e chama pelo nome. É ele quem, num nível mais profundo, dá nome aos seus: os "que escolherem o que me agrada e se apegarem à minha aliança, a eles darei, dentro de meu templo e dos seus muros, um memorial e um nome melhor do que filhos e filhas, um nome eterno, que não será eliminado" (Is 56:4-5). Além disso, "lhe darei uma pedra branca com um novo nome nela inscrito, conhecido apenas por aquele que o recebe" (Ap 2:17).

Deus conhece plenamente nossa identidade, e o nome humano representa, de alguma maneira, um esboço desse conhecimento absoluto.

Deus conhece plenamente nossa identidade, e o nome humano representa, de alguma maneira, um esboço desse conhecimento absoluto. Nossos pais, que nos deram o nome, o fizeram como precursores encarregados por Deus de nos acolher, amar e reconhecer. Nossos pais se tornaram co-criadores da vida.

O Espírito Santo, por sua vez, ajuda-nos a despertar para a autêntica e profunda identidade pessoal: "Receberam o Espírito que os adota como filhos, por meio do qual clamamos: 'Aba, Pai'.

O próprio Espírito testemunha ao nosso espírito que somos filhos de Deus" (Rm 8:15-16).

Por meio da fé, do arrependimento e da cruz de Cristo, somos transformados em filhos do Altíssimo. Nossa identidade, portanto, diz respeito ao que somos — amados de Deus —, e não àquilo que fazemos ou aos resultados de nosso desempenho religioso.

Quando os discípulos de Jesus Cristo voltaram de sua missão cheios de alegria por suas realizações ministeriais, disseram: "Senhor, até os demônios se submetem a nós, em teu nome". Então o Mestre os corrige: "Eu lhes dei autoridade [...] nada lhes fará dano. Contudo, alegrem-se, não porque os espíritos se submetem a vocês, mas porque seus nomes estão escritos nos céus" (Lc 10:17,19-20).

Jesus ensina que o verdadeiro contentamento interior e a realização pessoal não devem se basear no que fazemos, mas no que somos. Podemos dizer que o centro da vida cristã reside nessa celebração intima da alma, gerando uma alegria inexplicável por estar diante da face amorosa de Deus, independentemente das circunstâncias. Regozijemo-nos, pois o Pai deseja incondicionalmente estar conosco na eternidade.

Devoção

DEVOÇÃO É A ESFERA do relacionamento pessoal com Deus e diz respeito à qualidade de nossa vida no secreto, na intimidade, no recolhimento. É quando intencionalmente separamos tempo para meditar nas Escrituras e orar. A verdadeira vida devocional tem início quando compreendemos que conhecer a Deus e ser conhecido por ele é nossa prioridade absoluta. Amar a Deus desinteressadamente e buscá-lo com todo nosso ser é um aprendizado que dura a vida inteira.

Vida devocional é, ao mesmo tempo, dom de Deus e disciplina a ser desenvolvida. Dom porque não há nada que possamos fazer para que ele se relacione conosco; é fruto somente de sua iniciativa, de seu amor gratuito. Disciplina porque requer de nós disponibilidade. Adentramos a vida devocional quando, movidos pelo desejo e pela saudade, nos relacionamos com Deus por meio da oração, da meditação e do silêncio.

Para falar sobre devoção, começamos falando de conversão. Muitas vezes, pensamos em conversão como "aceitar a Cristo no coração e fazer parte da igreja evangélica". Assim, vivemos a fé posicional, explicativa, argumentativa. Mantemos distância de um relacionamento com Deus baseado no mistério do amor de um ser infinito e pessoal.

Nesse caso, a fé baseia-se mais na crença e na reta doutrina do que na pessoa divina, desejosa de nos encontrar e se tornar íntima. Vivemos a fé mediada pela igreja e por seus pastores, dirigentes de louvor e programas (liturgia).

Precisamos corrigir essa idéia restritiva de conversão e ampliá-la para um processo contínuo de amadurecimento da amizade com Deus e de transformação pessoal que nos torna cada vez mais semelhantes a Cristo. A partir daí, podemos falar da devoção como o espaço de diálogo profundo e pessoal com Deus, cujo resultado é nos tornar mais parecidos com aquele que mais amamos. Ou seja, a conversão propicia a conversação íntima com Deus.

A verdadeira devoção começa quando tomamos consciência de que, nas alegrias e tristezas cotidianas, somos acompanhados pela Santíssima Trindade, sabendo que não estamos sozinhos e abandonados, pois há outro a quem podemos ter acesso irrestrito no mais íntimo de nosso ser.

Devoção é, portanto, a disciplina da oração e da meditação bíblica exercitadas no contexto do recolhimento e da solitude. Não há uma receita universal para isso — pelo contrário, cada pessoa pode encontrar seu ritmo, sua periodicidade, sua intensidade para a prática da intimidade com Deus.

A devoção é a escola onde aprendemos a aquietar nossa alma, saindo da agitação, da tagarelice, do ativismo, das ambições, da insatisfação e das preocupações.

A devoção é a escola onde aprendemos a aquietar nossa alma, saindo da agitação, da tagarelice, do ativismo, das ambições, da insatisfação e das preocupações para nos relacionarmos, pela ação do Espírito Santo, com o Pai de Jesus Cristo, que nos perdoa, aceita, apazigua, alegra e enche de santo temor. Ouvimos sua voz por intermédio da Palavra e falamos com ele em nossas orações, vivenciando o encontro pessoal, sereno, permeado de afeto e da realidade profunda da vida humana.

Nessa disciplina pessoal, somos confrontados com o mal que habita em nós. Diante do olhar amoroso e perdoador do Senhor, podemos reconhecer e admitir o pecado. Aos pés da cruz, trilhamos o caminho de santificação. Diante da presença mediadora de Cristo, temos confiança para entrar no Santo dos Santos e adorá-lo reverentemente em espírito e em verdade. Bebemos, diretamente da Fonte Eterna, a água viva que sacia a sede existencial e espiritual de amor absoluto e perfeito.

Em vez de sermos seduzidos por novidades religiosas importadas e apostiladas, podemos olhar para o testemunho da história da Igreja e aprender com seus santos. João Cassiano, um dos pais do deserto, que viveu no Egito e na Gália nos anos 360 a 465, toma o texto em que Jesus nos convida a orar em secreto (Mt 6:5-8) e ensina:

> Devemos nos preocupar particularmente em seguir o preceito evangélico que recomenda entrar no quarto e fechar a porta para orar ao nosso Pai.
>
> Eis como cumpri-lo:
>
> Oramos em nosso quarto quando afastamos inteiramente nosso coração do tumulto dos pensamentos e das preocupações; numa espécie de colóquio secreto de amizade muito suave, revelamos ao Senhor os nossos desejos.
>
> Oramos com a porta fechada quando invocamos, sem descerrar os lábios, aquele que não leva em consideração as palavras, mas olha para o coração.
>
> Oramos em secreto quando falamos com Deus somente pelo coração e a concentração da alma, e manifestamos só a ele nossas disposições, de tal modo que as potências adversas não possam adivinhar sua natureza. Tal é a razão do profundo silêncio que se deve guardar na oração.
>
> Nossas preces devem ser freqüentes, mas curtas para evitar que, caso se prolonguem, o inimigo tenha a possibilidade de insinuar a distração.

E este é o sacrifício verdadeiro: "Os sacrifícios que agradam a Deus são um espírito quebrantado" (Sl 51:17). (*Conferências IX*, 35-36).

Amém!

Vida e espiritualidade

Como ter paz com Deus, desenvolver uma vida de oração, fazer um estudo bíblico? O pragmatismo do "como" nos coloca diante de soluções mágicas, nas quais o poder de Deus resolve tudo instantaneamente, ou baseadas no esforço humano, no âmbito do planejamento, da administração e da razão.

Podemos comparar a vida cristã com o peregrino que, em tempos passados, partia de sua aldeia para visitar o templo de Jerusalém. A jornada desse peregrino é constituída de várias etapas:

1. *O caminho para Jerusalém.* Estamos juntos com a multidão, sentindo o cansaço físico do esforço empreendido na caminhada, agitados pela expectativa.
2. *Às portas da cidade.* Com um suspiro, celebramos a chegada, a jornada cumprida.
3. *Diante do templo.* Admiramos a grandiosidade, o Muro das Lamentações. Há choro de alegria e de arrependimento em meio ao burburinho dos cambistas e comerciantes.
4. *No pátio.* Os cordeiros são imolados no altar do sacrifício, os sacerdotes ministram e os levitas louvam. Nossa vida devocional, na maior parte do tempo, está no pátio.
5. *No santuário.* Adentramos a primeira porta, o Lugar Santo. O pão na mesa, representando o sustento, a Palavra; e o candelabro, representando a iluminação do Espírito. Ainda não é a presença de Deus.

6. *No Santo dos Santos.* Aqui não há janelas. Deus está presente, e o sacerdote só podia entrar uma vez por ano. Uma câmara escura que só se ilumina pela *shekiná* de Deus, pela glória de Deus, pela luz própria de Deus. Hoje, podemos permanecer sempre na presença de Deus porque "temos plena confiança para entrar no Santo dos Santos pelo sangue de Jesus" (Hb 10:19).

Todo o resto é atividade para Deus — ou, no máximo, atividade com Deus. No Santo dos Santos, temos intimidade com ele, reconhecendo-o por aquilo que é, e não como resultado de nossas projeções, expectativas, imaginações ou emoções. As Escrituras dizem que não devemos fazer uma imagem (Dt 5:6-9) que se torne objeto de nosso culto, tampouco um templo, um altar, uma tradição, uma teologia, uma metodologia estratégica ou um líder personalista.

Esse é o mistério de Cristo em nós: um Deus que habita nos céus, mas também no coração. [...] A espiritualidade cristã implica esse ir e vir da revelação da presença de Deus, a busca para encontrá-lo sem que possamos segurá-lo.

Nós o encontramos para perdê-lo. Ninguém pode aprisionar ou conter Deus, pois ele diz: "Habito num lugar alto e santo, mas habito também com o contrito e humilde de espírito" (Is 57:15). O Senhor, que está infinitamente além de nossa compreensão, revela-se um Deus pessoal que se relaciona amorosamente com a humanidade.

Esse é o mistério de Cristo em nós: um Deus que habita nos céus, mas também no coração. Um Deus que está longe e perto. Quanto mais perto chegamos, mais longe ele fica; quanto mais longe ele fica, mais perto está. A espiritualidade cristã implica esse ir e vir da revelação da presença de Deus, a busca para encontrá-lo sem que possamos segurá-lo. Temos comunhão com ele, mas não podemos detê-lo, pois "o vento sopra onde quer. Você o escuta, mas não pode dizer de onde vem nem para onde vai. Assim acontece com todos os nascidos do Espírito" (Jo 3:8).

Deus não cabe em regras, técnicas, teologias rígidas, pacotes, tradições, experiências, ideologias, fórmulas, pragmatismos, planos, doutrinações. O mistério de Deus não cabe em esquemas humanos. Segui-lo significa não se adiantar a ele, mas ser conduzido serenamente por onde se desconhece, ser surpreendido pelo caminho que se abre. O mundo das certezas é incompatível com o mistério de Deus, que se revela no íntimo da alma humana em uma relação de amor.

No caminho de Emaús (Lc 24:13-35), os discípulos que estiveram com Jesus não o reconheceram. A expectativa de vê-lo como o Rei dos reis os impedia de vê-lo como o Servo Sofredor. Jesus lhes expôs as Escrituras e seus corações arderam, intelecto e emoção juntos; ainda assim, não o reconheceram. No entanto, diante do gesto de Jesus, que "estava à mesa com eles, tomou o pão, deu graças, partiu-o e o deu a eles", seus corações se abriram.

Nesse momento, reconheceram o Unigênito do Pai, o Verbo encarnado, o Senhor dos senhores, o Salvador amado. Uma revelação sem palavras, num simples gesto do cotidiano que somente poderiam reconhecer aqueles que partilharam de sua intimidade. Em seguida, ele desaparece, pois certamente eles não poderiam suportar tamanha realidade. Além disso, Deus é livre; não pode ser contido.

A verdadeira espiritualidade reside na santidade do gesto simples do cotidiano. Em Jesus Cristo não há megalomania, grandiloqüência ou extravagância, mas a simplicidade do gesto humano, ternura e firmeza. Ouso afirmar que a verdadeira vida cristã significa sermos menos espirituais e mais humanos.

O secreto

As Escrituras afirmam que somos o templo ou a morada do Espírito Santo. O templo é local de encontro, onde o homem se vê diante de Deus. Dentro de nós, na intimidade da alma, está o Deus vivo e verdadeiro, que se faz acessível por meio de seu amor pelos homens. Assim, torna-se possível essa união da alma do pecador com o Espírito de Deus, uma verdade que se dá no íntimo, na dimensão do vínculo e do encontro. União não é fusão ou confusão, nem é panteísmo, pois, embora seja um comigo, Deus continua sendo Deus, o Todo-Poderoso.

Apesar de nos tornarmos um com ele, continuamos sendo indivíduos. Não somos absorvidos, mas entre nós e Deus continua havendo uma relação "eu e tu", pessoa a pessoa. A evidência sublime dessa unidade é que, quanto mais sou um com Deus, mais posso ser quem sou.

A espiritualidade cristã implica a alma apegada a Deus, isto é, passa do discurso lógico e racional para o discurso afetivo do coração. Implica entrega, vulnerabilidade, abandono na presença do Deus vivo. Carlos Hernandez nos apresenta Maria como exemplo de fé. Quando ela diz: "Sou serva do Senhor; que aconteça comigo conforme a tua palavra" (Lc 1:38), literalmente isso significa: "Eis aqui meu útero, cumpra-se em mim conforme a tua palavra".

Nessa vulnerabilidade, nesse abandono nas mãos de Deus, Maria se entrega, deixando-se envolver pela sombra do Altíssimo (Lc 1:35).

Pela ação dessa presença fertilizadora de Deus, Maria engravida de Jesus, o Salvador de todos os homens.

Ter uma alma apegada a Deus significa apresentar essa disponibilidade, essa vulnerabilidade e esse abandono para que a presença fertilizadora de Deus nos envolva e nos torne grávidos de "boas obras, as quais Deus preparou antes para nós as praticarmos" (Ef 2:10).

No sermão da montanha, Jesus nos fala de três hábitos religiosos que estão em prática através dos séculos nas mais variadas religiões: dar esmolas, orar e jejuar (Mt 6). Jesus não diz: "Você deve orar", mas "quando você orar". Não é uma obrigação, mas uma escolha do coração, uma decisão de separar tempo para intimidade com ele. Somos livres para orar, e se escolhermos fazê-lo, então Jesus Cristo tem um conselho: ele diz que devemos entrar no quarto, fechar a porta, tomar todas as providências para que ninguém nos surpreenda e, aí sim, orar.

O secreto não é um local, mas um estado de consciência. No secreto não estamos sozinhos, pois nossa alma encontra o Deus vivo e verdadeiro.

O secreto não é apenas uma dimensão externa, um local propício. É também uma dimensão interna, um refúgio no coração. Em Salmos 51:6 lemos: "Sei que desejas a verdade no íntimo; e no coração me ensinas a sabedoria". Dentro de nós, numa dimensão fora do plano do racional e pragmático, há um tempo de silêncio, recolhimento e solitude diante de Deus.

A verdadeira oração, conforme o conselho de Jesus Cristo, é secreta, isto é, a eficiência espiritual se dá no íntimo da alma a partir de uma realidade que ninguém vê nem conhece. Isso significa dizer que não pode se tornar uma técnica. É impossível ensinar ou aprender a orar. Trata-se de uma realidade íntima que não vemos ou tocamos. Não podemos fazer cópia, comercializar, ganhar, dar, pegar ou tomar. Para descobrir, basta entrar no quarto e fechar a porta, entrar no secreto.

Temos medo de estar sós. Daí os muitos ruídos, as multidões, as torrentes de palavras e pensamentos. Rádios e televisões ligados 24 horas por dia. Entrar no secreto significa entrar no silêncio e na quietude. O secreto não é um local, mas um estado de consciência. No secreto não estamos sozinhos, pois nossa alma encontra o Deus vivo e verdadeiro.

Como fica, então, a vida pública, o ministério, a salvação do mundo? Lembremos de dois verbos importantes na vida cristã: edificar e dar frutos. Jesus nos ensina sobre as casas construídas na rocha e na areia (Mt 7:24-27). Elas nos mostram os dois aspectos da vida cristã: externamente, temos casa, aquilo que se vê; internamente, os alicerces, aquilo que não se vê. O importante, diz Jesus, são os alicerces, que estão cobertos, não são vistos, estão na escuridão e nas profundezas; essa é a idéia do secreto.

Temos a mesma idéia na expressão "dar frutos" (Jo 15:16). Sabemos da importância dos frutos na vida cristã — frutos de arrependimento, fruto do Espírito e fruto de boas obras. Uma árvore pode ter um tronco magnífico e folhas viçosas, mas se a raiz estiver afetada, ela morrerá ou seus frutos não serão consistentes. A raiz precisa estar coberta, no escuro, nas profundezas, e beber nos mananciais de águas puras. Assim, será saudável, e os frutos certamente virão.

Vida de oração

Há sempre tensão e equilíbrio entre a oração privada e a pública, entre a vida comum na igreja e a vida interior do cristão. A ênfase e a valorização de apenas um desses aspectos em detrimento do outro conduz, inevitavelmente, ao empobrecimento da vida cristã. Manter a comunhão e orar com a igreja nos ajuda a crescer na fé, na esperança e no amor, mas nada substitui a necessidade irresistível do recolhimento para dialogar com Cristo, pessoa a pessoa, na intimidade do coração.

Quando lemos o evangelho, aprendemos que as duas direções são importantes. Por um lado, a oração comum: "Também lhes digo que se dois de vocês concordarem na terra em qualquer assunto sobre o qual pedirem, isso lhes será feito por meu Pai que está nos céus" (Mt 18:19). Por outro, a oração pessoal: "Mas quando você orar, vá para seu quarto, feche a porta e ore a seu Pai, que está em secreto. Então seu Pai, que vê em secreto, o recompensará" (Mt 6:6).

Não se trata de contradição, pelo contrário: esses dois modos de orar são complementares. A verdadeira devoção pessoal resulta no encontro e na comunhão, e a verdadeira devoção comunitária desperta o desejo de criar um espaço interior e pessoal diante de Deus.

Jesus Cristo nos mostra, por seu exemplo, o lugar da oração pessoal. Ficou quarenta dias no deserto em jejum e oração antes de iniciar seu ministério. Freqüentemente se retirava para a montanha ou para o jardim em busca de um local isolado para conversar com o Pai. A oração era parte do dia-a-dia de Jesus Cristo; seu coração cheio de amor desejava a companhia e a intimidade do Pai. Porém, também o vemos orando com seus discípulos o Pai-Nosso e culminando com sua oração sacerdotal, conforme o registro de João 17.

Reduzimos nossa vida de oração às petições. É comum numa reunião o dirigente perguntar: "Quais são os pedidos?". Certamente é importante suplicar e interceder, só que mais importante ainda é abrir um espaço em nosso coração silencioso para acolher a misteriosa presença que vem nos visitar e falar conosco. É a presença divina que intercede por nós com gemidos inexprimíveis. Quando visitados pelo Espírito, deixamos de pedir e nossa oração se move para a gratidão, a confissão e a consagração.

Devocionários ajudam a orar, e cada cristão encontra a maneira, o local, a freqüência, o horário e a posição mais adequada para expressar seus afetos e abrir seu coração, suas alegrias e tristezas. Muitas vezes tentamos imitar outros ou descobrir um manual que nos ensine a orar.

A oração é, ao mesmo tempo, uma graça de Deus a ser recebida e uma disciplina espiritual a ser exercitada e desenvolvida.

No entanto, a oração é uma relação pessoal de amizade com Deus. Não cabe num molde para ser reproduzida. É pessoal, espontânea e transformadora. Não é uma técnica a ser desenvolvida, uma produção mental ou uma euforia religiosa; trata-se de uma experiência do coração, do cultivo de uma relação de amor.

Não oramos para liquidar problemas de forma mágica. Oração é a prática da paciência. Situações difíceis, às vezes, não se resolvem, mas quando oramos, somos transformados. Nós nos consagramos a Deus e somos santificados de modo que, em certas ocasiões, não é a circunstância que muda, mas o nosso olhar.

Diante do mistério e do sagrado, o cristão se expressa por meio de afetos, poesia, metáforas, doxologias. No coração do ser humano surge música para contar a Deus a própria história: as alegrias se tornam salmos de louvor e as tristezas, lamentações.

Como dirigir a oração àquele que conhece todos os segredos, nos ama incondicionalmente, sabe o que se passa no mais profundo de nosso coração? Diante do Senhor, podemos nos abrir, dizer quem realmente somos, confessar nossos pecados e torpezas, sem máscaras, sem representações.

Orar é entrar e participar da comunhão da Trindade. A verdadeira vida de oração é pessoal. Ela conta a história da vida, é afetiva, toca os sentimentos, é transformadora, muda o olhar, é movida pela saudade, não pela ansiedade. A oração é, ao mesmo tempo, uma graça de Deus a ser recebida e uma disciplina espiritual a ser exercitada e desenvolvida.

Em tudo dai graças

> Dêem graças em todas as circunstâncias, pois esta é a vontade de Deus para vocês em Cristo Jesus.
>
> 1Tessalonicenses 5:18

A CAPACIDADE HUMANA de agradecer é uma das mais sublimes. Não se trata de uma resposta circunstancial nem é uma relação utilitária com Deus. Na verdade, somos convidados (não obrigados) a reconhecer, com profunda gratidão, a bondade de Deus que permeia nossa existência, nossa história.

A gratidão é a consciência interior alerta, percebendo o fato de que toda a nossa vida se desenrola diante de um Deus bondoso que "age em todas as coisas para o bem daqueles que o amam, dos que foram chamados de acordo com o seu propósito" (Rm 8:28). Assim, discernir a graça de Deus em nossa biografia é perceber que a vida não é uma expiação.

Ser grato é celebrar diante de um Deus que é bom. Trata-se de uma atitude íntima que gera uma alegria inexplicável no fundo da alma. Nós nos regozijamos por estar diante da face amorosa do Deus que nos criou e salvou por meio de seu ato de amor definitivo na cruz. Agradecer é desfrutar e celebrar a plenitude, a vida abundante e aquilo que temos.

No Éden, o diabo acusou Deus de mesquinho, e o homem, em vez de reconhecer a generosidade de Deus, focou-se no limite e na falta: "Eu não tenho o suficiente. Quando tiver, descansarei e, ao descansar, agradecerei. Por enquanto, é só pedir". Com isso, a maioria das orações é repleta de pedidos. Pedir está ligado à falta, ao que não se tem e às limitações. Qual é o nível de conexão entre a vida de oração, a insatisfação e a ansiedade?

A falta de gratidão tem como conseqüência a perda da afetividade. Tornamo-nos ingratos e embrutecidos. A ingratidão vive em busca de pequenos favores de Deus, como se fossem obrigações, causando revolta quando não se tem a resposta desejada. Isso gera um processo obsessivo de individualismo que, por sua vez, produz vaidades, ambições e paixões equivocadas que resultam no mal. A acusação do diabo, portanto, passa a ser o padrão milenar. Por causa do sofrimento, Deus é considerado insensível, injusto e ausente (cf. Jó).

Mas o Senhor põe um ponto final nisso ao celebrar e desfrutar aquilo que havia criado. Assim, aprendemos que não é possível encontrar descanso enquanto não se declara: "Não tenho nada a pedir; venho, com o coração grato, apenas dar graças". O único impedimento para a ação de graças é a falta de intimidade e amizade com Deus, que é bom e misericordioso.

Discernir a graça de Deus em nossa biografia é perceber que a vida não é uma expiação. [...] Agradecer é desfrutar e celebrar a plenitude, a vida abundante e aquilo que temos.

Um inventário de coisas boas ajuda a corrigir a memória, presa aos acontecimentos negativos da história pessoal que transformam as pessoas em poços de reclamações. Nossa biografia está permeada pela presença e pela bênção do Senhor, pois graças a seu grande amor "não somos consumidos, pois as suas misericórdias são inesgotáveis. Renovam-se cada manhã; grande é a sua fidelidade" (Lm 3:22-23). Assim, devemos ser gratos, entre outras coisas:

- Pela vida.
- Pela salvação.
- Pelas heranças paternas e familiares.
- Pela família.
- Pela formação educacional.
- Pelo povo de Deus, a Igreja.
- Pelos amigos e pelas pessoas marcantes.
- Pelas orações respondidas.
- Pela gentileza dos estranhos.
- Pelo calor e pelo aconchego de nossa casa.
- Pela saúde.
- Pelo trabalho.
- Pelo alívio de uma crise ou uma dor que passou.
- Por um banho quente.
- Pelos aromas de algo delicioso na cozinha.
- Pelo pagamento das contas no fim do mês.
- Por abraçar um filho.
- Pelo barulho de crianças brincando.
- Pelo parque perto de sua casa.
- Pelo passeio na mata.
- Por segurar na mão da pessoa amada.
- Pelo ocaso ou pelo nascer do Sol.
- Por uma música que toque a alma.
- Por um cochilo.
- Pela sabedoria adquirida ao longo da vida.

Hoje é tempo de gratidão, celebração e descanso.

Marta e Maria

Os RELATOS DAS ESCRITURAS revelam o interior da alma humana, mas também apresentam um Deus que se manifesta a homens e mulheres como nós. Esse encontro e essa revelação de Deus sempre geram transformação. Assim, podemos ler a Bíblia e nos descobrir nas histórias que ela traz.

Lucas 10:38-42 registra a visita que Jesus Cristo fez a seus amigos Lázaro, Marta e Maria, em Betânia:

> Caminhando Jesus e os seus discípulos, chegaram a um povoado, onde certa mulher chamada Marta o recebeu em sua casa. Maria, sua irmã, ficou sentada aos pés do Senhor, ouvindo a sua palavra. Marta, porém, estava ocupada com muito serviço. E, aproximando-se dele, perguntou: "Senhor, não te importas que minha irmã tenha me deixado sozinha com o serviço? Dize-lhe que me ajude!" Respondeu o Senhor: "Marta! Marta! Você está preocupada e inquieta com muitas coisas; todavia apenas uma é necessária. Maria escolheu a boa parte, e esta não lhe será tirada".

Podemos encarar esse relato como fato antigo e, assim, permanecermos distantes da Palavra, que faz sentido à nossa razão, mas não alcança o coração. Ou então, podemos nos identificar com Marta e Maria, recebendo a visita de Jesus Cristo e aprendendo com ele.

Somos parecidos com Marta: agitados, distraídos, dispersos, ocupados com muitas coisas, inquietos, ansiosos e preocupados.

Marta está, como muitos, estressada. Ela serve constrangida; sua agenda cheia e rígida não lhe permite perceber essa oportunidade única. Está cheia de boas intenções, quer servir ao Mestre e receber bem seus convidados. Porém, fica dividida entre fazer o jantar e, ao mesmo tempo, estar na sala com o Senhor. Não demora muito até que se irrite com Maria, que simplesmente se senta aos pés de Cristo para ouvi-lo.

Buscamos o reconhecimento através do desempenho. Queremos servir e trabalhar, mas acabamos nos envolvendo com mais coisas do que realmente podemos dar conta. Surgem, então, comparações e reclamações. Começamos a achar que ninguém trabalha como nós, que carregamos o grupo ou a igreja nas costas. O trabalho, ainda que bem intencionado, torna-se fonte de insatisfação e irritação com os companheiros. Há muita gente assim na igreja. São irmãos e irmãs muito consagrados que produzem muito, mas tornaram-se rígidos, controladores e inflexíveis.

Há tempo de meditação e tempo de ação. Reconciliar as duas irmãs no coração significa trabalhar como Marta, mas com o afeto de Maria.

Maria escolheu parar. Não se tratava simplesmente de um tempo devocional com Cristo, mas de uma chance única, pois na época os rabinos não aceitavam mulheres assentadas "a seus pés", expressão que indica a aceitação de um discípulo por parte do mestre. Ela parou, separou o tempo necessário e ouviu com atenção.

Será que temos um tempo assim? Tempo de qualidade, de parar, desligar o telefone, para estar a sós com o Senhor e ouvi-lo com atenção? É isso que nos torna participantes do mistério da presença de Cristo em nós: ouvir e falar com ele na intimidade do coração, no recolhimento, na solitude, na quietude. Esse é o centro da vida cristã, a atividade interna do coração que se apega a Deus.

A partir disso, podemos nos mover às atividades externas, lidar com as dificuldades da vida e enfrentar todo tipo de conflito, luta, frustração, dor e tensão, pois sempre estaremos seguros pela doce e santa presença do Senhor no coração, pronto para nos acolher e se revelar.

Jesus Cristo se dirige a Marta, chamando-a pelo nome por duas vezes. Ele nos chama pelo nome quantas vezes for necessário até ter nossa atenção. Então, questiona sobre essa tirania do urgente que nos impede de ver o essencial. Em vez da correria e do perfeccionismo, que acabam por oprimir os que estão ao nosso redor, o Senhor nos chama a escolher uma única coisa, a mais importante, a mais preciosa. Ele não está interessado em desempenho, mas em nossa presença para que o ouçamos e amemos. Jesus Cristo busca o afeto de seus filhos, e não se impressiona com a *performance*. Seu amor incondicional nos liberta dessa identidade funcional.

Ora somos como Maria, desejosos de desfrutar da intimidade do Senhor e de permanecer a seus pés. Ora somos como Marta, agitados e envolvidos no ativismo frenético, insatisfeitos e irritadiços. Entretanto, em vez de polarizar as duas irmãs, podemos reconciliá-las. A disposição de Marta para o trabalho é louvável, pois alguém deve fazer o jantar; e Maria, por sua vez, não pode ficar para sempre aos pés de Jesus.

Há tempo de se recolher para orar e tempo para sair à luta no trabalho e no ministério. Há tempo de meditação e tempo de ação. Reconciliar as duas irmãs no coração significa trabalhar como Marta, mas com o afeto de Maria.

O deserto, o jardim e a montanha

DURANTE TRINTA ANOS, Jesus Cristo viveu no anonimato, possivelmente ajudando o pai na marcenaria, em Nazaré. Esperou pacientemente seu tempo chegar até ser batizado. Naquele momento, diante de João Batista e seus discípulos, o Deus dos céus falou de forma audível sobre sua identidade: "Este é o meu Filho amado, em quem me agrado". Momento misterioso do encontro trinitário: a presença do Pai, do Filho encarnado e do Espírito Santo.

Maior de idade, reconhecido pelo Pai, Jesus Cristo estava pronto para iniciar seu ministério público num mundo conturbado, cheio de demandas, necessidades e carências. Ele teria pouco tempo, somente três anos. Embora premido pela urgência e pela magnitude de sua missão, o Espírito o conduziu a uma experiência de silêncio e solitude de quarenta dias no deserto.

No deserto não há apetites, estímulos ou alguém a quem culpar. Ficamos longe de nossas rotas habituais de fuga: a agitação, a correria, o ativismo, a tagarelice, os muitos ruídos. Só quando adentramos o silêncio e a solitude é que Deus tem toda a nossa atenção voltada para ele.

No entanto, temos medo de estar sós, sem nada para fazer, medo dos sentimentos de abandono e inutilidade. Tal medo é tão grande que enchemos o tempo com atividades estéreis. A solidão é angústia da alma, uma ferida incurável. Por causa dela, busca-se desesperadamente no outro a aceitação e o acolhimento incondicionais. Não encontrando, saímos vazios de nossas realizações e nossos relacionamentos. Aí investimos mais e mais, até nos sentirmos desanimados, mal-amados e céticos.

Solitude é diferente de solidão; é estar só de forma plena, alegre e revigorante. No momento de solitude emerge outra presença. Retiramo-nos do público e da ribalta para entrar naquele espaço mais profundo da alma, da realidade pessoal, que também é habitado por Deus.

Na solitude não há espaço para a angústia da solidão, mas para a restauração do vigor e o livramento das vozes vazias e das representações. O deserto torna a pessoa íntima de si, e ela se descobre criada à imagem e à semelhança de Deus, plenamente amada e reconhecida.

Somente quando entramos nessa dimensão íntima e solitária é que somos levados ao nosso coração e ao coração de Deus. Então sintonizamos a presença silenciosa do Senhor em nós numa relação de amor, na qual somos acolhidos e restaurados.

Na solitude não há espaço para a angústia da solidão [...] O deserto torna a pessoa íntima de si, e ela se descobre criada à imagem e à semelhança de Deus, plenamente amada e reconhecida.

Nesse local sereno, no fundo da alma, na solitude e no silêncio, jorra uma fonte de eterna satisfação e alegria que conduz à experiência amorosa e livre de encontro com o outro, o semelhante. Apenas quando sabemos estar sozinhos, em silêncio, reverentes diante da face silenciosa e amorosa de Deus, é que nossa narrativa é transformada. A linguagem deixa de ser explicativa, argumentativa, informativa ou persuasiva para se tornar intimista.

No deserto, longe das distrações e do ativismo, Jesus Cristo é tentado. Significa dizer que só no silêncio e na solitude se revelam as falhas de caráter mais profundas, o pecado, a maldade, os desejos egoístas, o orgulho. O tempo no deserto quebranta, leva à confissão, conduz a uma experiência de arrependimento e fé, fazendo perceber a profundidade da graça que renova o compromisso. Tornamo-nos mais santos e nos reapaixonamos por Deus.

Por isso, Jesus Cristo tinha três locais de isolamento e quietude: o deserto, o jardim e a montanha. Para eles o Mestre se dirigia em busca desse tempo vital, imprescindível para a restauração espiritual. O deserto é um local ermo, sem distrações, estímulos ou apetites. O jardim é o local florido, perfumado e colorido, festa para os olhos e ouvidos. É quando se pode sintonizar com a criação e louvar a Deus junto com ela. A montanha é o local remoto, escondido, que implica uma subida (preparação), um topo (oração) e, por fim, uma descida (encarnação).

Tudo isso parece distante de nós. As atividades comunitárias são importantes, mas será que não deveríamos separar mais tempo e espaços especiais para desenvolvermos nossa vida devocional em silêncio e solitude?

PARTE 2

CAMINHADA
Meditações sobre a vida cristã

Conversão radical

Em outubro de 312, às portas de Roma, Constantino vence seus adversários e assume o poder do Império Romano. Ele atribui sua inesperada vitória ao Deus dos cristãos, pois tivera um sonho no qual recebeu instrução para colocar o monograma de Cristo no uniforme dos soldados.

A igreja deixa de ser perseguida e o cristianismo se torna religião oficial do estado. Sai das catacumbas e vai para os palácios. Nessa ocasião, surge o movimento dos Pais do Deserto, homens e mulheres que não querem participar da Igreja do poder, por isso se retiram para regiões remotas a fim de se dedicar à leitura da Bíblia e à oração.

A História da Igreja pode ser contada, portanto, sob duas perspectivas. Uma focaliza a história da Igreja do poder, das conquistas, dos papados, das cruzadas, da inquisição; a outra, a história dos santos, profetas e mártires.

Estamos vivendo um momento parecido com o da Igreja do século IV. Há cerca de 170 anos, época dos primeiros missionários, éramos uma igreja minoritária e perseguida, mas que se transformou em religião de massas. Para os novos convertidos, nessa igreja massificada a autêntica vivência cristã é praticamente impossível.

A conversão, que no passado era ato cheio de riscos e implicava entrega completa aos cuidados de Deus, tornou-se simplesmente adesão ao grupo dominante. A igreja evangélica cresceu, e damos graças a Deus por isso; no entanto, ela se tornou muito parecida com a sociedade brasileira.

Convém, portanto, questionar o significado de conversão em nosso contexto. Geralmente, trata-se de aceitar as verdades evangélicas e assumir um compromisso público de decisão ao lado de Cristo. No afã de fazer novos convertidos, conceitos fundamentais da fé cristã — como arrependimento e santidade — são omitidos. Aceitar a Cristo passa a significar obtenção do céu e das bênçãos materiais sem necessidade de renúncia e sacrifício.

A idéia de conversão como evento decisório surgiu com os grandes avivamentos nos Estados Unidos no século XVIII. Portanto, tratá-la como experiência única e definitiva é algo relativamente recente. No decorrer da história da Igreja, vemos a conversão como um processo de amadurecimento, santidade e serviço ao longo da vida.

A conversão, que no passado era ato cheio de riscos e implicava entrega completa aos cuidados de Deus, tornou-se simplesmente adesão ao grupo dominante.

Testemunhos e livros enfatizam conversões sensacionais; quanto mais dramático o relato, mais convincente. Muitos cristãos quase precisam pedir desculpas pela simplicidade de sua conversão. Outros, que não lembram o dia ou a hora de sua conversão nem têm algo extraordinário para relatar, começam a duvidar se realmente alcançaram a vida eterna. Muitos evangélicos se prendem à sua decisão e ficam no passado, apegados a essa experiência, o que os leva a permanecer estacionados, sem progresso espiritual, ou a se perder.

A palavra "conversão" perdeu o sentido original que implicava, para os primeiros cristãos, ruptura radical com o mundo para entrar numa comunidade onde todos compartilhavam e cresciam na fé, na esperança e no amor. Conversão, novo nascimento, redenção ou justificação é o encontro com Cristo, que pode se dar de uma vez ou aos poucos, mas que sempre resulta em caminhada rumo à maturidade.

É verdade que pode haver um primeiro momento de impacto, quando somos chamados por Deus pelo nome, reconhecidos como nunca antes, ao mesmo tempo que a presença do Espírito Santo invade o coração e todas as dúvidas se dissipam. Mesmo assim, não se pode negligenciar o processo que se inicia nesse momento e que demanda perseverança, fidelidade, disciplina e a busca contínua por Deus durante toda a vida.

Em meio a grandes transtornos espirituais, políticos, existenciais, éticos, familiares e emocionais que vivemos neste início de milênio, precisamos de um evangelho que nos conduza à conversão radical, que abranja caráter e relacionamentos, proporcionando uma experiência comunitária segura, ancorada na rocha inabalável.

Mentoria ou direção espiritual

DIREÇÃO ESPIRITUAL ou mentoria é uma das disciplinas da espiritualidade cristã clássica. Inspira-se na formação espiritual que Jesus Cristo deu a seus discípulos. A tarefa de mentorear depende muito do Espírito Santo, pois se ocupa da verdade mais íntima do coração, ajudando o mentoreado a crescer na fé, na esperança e no amor. Trata-se de um meio para levar o aprendiz a reconhecer e obedecer a nosso verdadeiro Guia, o Espírito Santo, escondido no mais profundo de nossa alma.

O mentor torna-se exemplo e facilitador desse desenvolvimento, pois seu objetivo é ultrapassar a superfície da vida do homem, colocando-se por trás da fachada dos gestos e das atitudes convencionais. Esse tipo de aprendizado não se apóia em idéias ou informação, mas especificamente na experiência espiritual em direção ao mistério de Deus. Não se trata de um evento isolado, mas de um processo baseado na amizade espiritual, nos vínculos e nos afetos. Essa experiência relacional tem a vida do mentor (não seu discurso ou seu método) como mensagem maior.

O aprendiz é quem conduz o processo, pois a direção vem de ouvir o que o coração formula, contrastando-o com a necessidade real e atual. Sendo assim, o desenvolvimento parte de um princípio de unicidade e pessoalidade; não pode ser massificado ou mecânico, pois toca o mistério de nossa humanidade. Não é reproduzível nem transferível. A experiência de direção espiritual é singular, pois cada pessoa é única, original. O que se enfatiza é o *ser*, não o *fazer*, envolvendo a pessoa por inteiro, em suas dimensões de maturidade espiritual, existencial, emocional, afetivo-sexual, familiar, vocacional e social.

Baseado nos recursos e na experiência do mentor, o aprendizado se desenvolve conforme a expressão bíblica "estar aos pés de" (Lc 10:39; At 22:3). Não há currículo, metodologia ou outra restrição, pois Deus unge homens e mulheres. O fundamental é a transformação interior (*metanóia*), e não o desempenho.

Para tanto, é preciso que o mentor e o mentoreado, por meio do arrependimento, se livrem de todo tipo de bloqueio psíquico ou espiritual, como ambição, desejo de poder, arrogância e os desvios de caráter herdados a partir do pecado original. Devem resistir às mesmas tentações que Cristo experimentou (Mt 4:1-11), pois elas impedem a livre e santa caminhada com Deus em direção à humildade e à simplicidade. O mentor torna-se o confessor que guarda sigilo.

Direção espiritual não depende de técnica nem de produção mental ou acadêmica. Trata-se de uma arte fundamentada no amor, não no poder.

Direção espiritual não depende de técnica nem de produção mental ou acadêmica. Trata-se de uma arte fundamentada no amor, não no poder, pois considera a fraqueza do diretor espiritual. Só o ferido pode curar outro ferido; só quem já esteve no vale da sombra da morte pode conduzir alguém para fora dele; só quem já experimentou o profundo quebrantamento pode se solidarizar com o quebrantado. Enfatizando a leitura bíblica e a oração, é possível transformar o caráter e levar à intimidade maior com Deus.

Apotegmas

Os séculos IV e V testemunharam um movimento de grande vitalidade espiritual. Muitos homens e mulheres, inconformados com os descaminhos da igreja constantiniana, mudaram-se para regiões remotas do Egito para viver como eremitas ou em pequenas comunidades. O movimento dos Pais do Deserto nos deixou como legado um dos maiores acervos de literatura espiritual da história. Homens como Antão, Macário Atanásio, João Cassiano, Doroteu de Gaza, Jerônimo, Agostinho, João Crisóstomo, entre outros, continuam atuais em seus ensinamentos.

Os Pais do Deserto emitiam sentenças curtas, chamadas de apotegmas (do grego *apóphthegma*, resultado de *apó* + *phthéggomai*, que significa "falar sentenciosamente"). São aforismos, frases breves, ensinamentos que eram transmitidos oralmente como orientação prática de vida para os discípulos. Cada uma delas servia para refletir, guardar no coração por algum tempo até que, através do Espírito Santo, aquela frase, fruto da experiência de um santo homem de Deus, fosse transformada em fonte de inspiração prática para a vida.

Ando pelo caminho, me perco do caminho, e o Caminho me reencontra, conduzindo-me de volta.

Os apotegmas surgem como fruto de uma vida piedosa, a partir da experiência da oração e da leitura meditativa das Escrituras. Foram, portanto, testados na vida dos santos. Isso os difere dos jargões religiosos sem significado ou de teologias teóricas que não tocam a vida. São como pequenas pérolas que o diretor espiritual entrega a seu dirigido. Meditando no apotegma, o discípulo aprende a resistir a tentações e vícios e a praticar a virtude e as boas obras. Apotegmas são sentenças existenciais que inspiram o estilo de vida parecido com o de Jesus de Nazaré.

Passados quase dezoito séculos, apresento alguns apotegmas que recolhi durante anos de ministério, alguns que ouvi de outros mestres contemporâneos e outros de inspiração pessoal.

Felizes os sem-agenda, eles terão tempo de se relacionar com afeto e significado.

Felizes os inseguros, pois colocarão sua confiança no Senhor.

Com a graça, todos os recomeços são possíveis.

O fruto do arrependimento é salvação na terra e festa no céu.

É a fragilidade humana que pode encontrar o poder de Deus.

O Espírito é Santo porque é o Espírito do Pai e do Filho.

Felizes os tolerantes, pois terão muitos amigos e poucos inimigos.

"Penso, logo existo", disse Descartes; "consumo, logo existo", diz o homem moderno. O cristão diz: "Amo, logo existo".

Agitação e correria não deixam espaço para a paz que excede todo entendimento.

A graça é de graça; todo o resto está à venda, ou seja, há um preço a se pagar.

Bem-aventurados os que não sabem, pois poderão perguntar e aprender.

Quando estou feliz, canto louvores; quando estou triste, canto lamentos, ó meu Senhor.

A verdadeira espiritualidade não nos torna mais espirituais, e sim, mais humanos.

A comunhão cristã é a amizade humana consagrada pela presença do Senhor.

A Palavra não é uma informação correta, mas uma pessoa: o Logos, o Filho de Deus.

Os frutos daqueles que amam a Deus são: amizade e boas obras.

Sofremos e o Senhor nos consola; consolados, tornamo-nos consoladores de outros que sofrem.

Ando pelo caminho, me perco do caminho, e o Caminho me reencontra, conduzindo-me de volta.

Felizes os que falam pouco, pois ouvirão mais e serão mais bem ouvidos.

A verdadeira liberdade consiste em conhecer e respeitar os limites.

O sagrado e a beleza se parecem; diante de ambos nos extasiamos.

A Trindade nos introduz a um princípio ético na relação: com igual dignidade, valor, respeitabilidade e liberdade.

Quanto mais funda a ferida, mais fundo penetra a graça e o consolo de Deus.

O olhar de Deus é misericordioso e compassivo, e não cobrador e crítico.

Dois graves erros: na luz, ter a ilusão de que não existem trevas; nas trevas, duvidar da existência da luz.

São três os requisitos para o relacionamento humano profundo: amor, humor e sabor (à mesa).

Perdão gera reconciliação, e reconciliação gera paz.

O verdadeiro amor consiste em solidariedade com os que têm menos.

Sob o olhar amoroso de Deus, posso admitir minhas faltas, reconhecer minhas mazelas e confessar meus pecados.

A alma progride não pelo pensamento, mas pelo afeto.

Uma coisa almejo em meu coração: a amizade com Deus e também com meus semelhantes.

O olhar de Cristo sempre contempla os pequenos e os humildes, é entre eles que quero estar.

Somos todos chamados a ser profetas para resistir ao mal e à injustiça.

A importância de ouvir

A ORELHA É UM ÓRGÃO MARAVILHOSO, antes chamado "ouvido". É formada pela orelha externa (um pavilhão em forma de concha que recebe os sons e os transmite pelo canal externo, ou meato auditivo), pela orelha média (da qual fazem parte o tímpano e três ossinhos: o martelo, a bigorna e o estribo) e pela orelha interna (também chamada labirinto, composta pelo caracol, pelo vestíbulo e pelos canais semicirculares).

As vibrações sonoras são captadas pela orelha externa e transmitidas, por meio do tímpano e dos três ossinhos, para o labirinto, cuja função, além da audição, é manter o equilíbrio do corpo. Aí estão, também, milhares de células sintonizadas com diferentes sons, que são amplificados e enviados ao cérebro através de uma pulsação elétrica. O cérebro decodifica e interpreta, e assim podemos ouvir.

Somos gratos a Deus por esse milagre tecnológico. Pena que o usemos tão mal. Vivemos imersos no ativismo, na agitação, na correria. Somos falastrões compulsivos. Buscamos nos cercar de muitos ruídos e estímulos, com medo da sensação de abandono. Há pouco espaço para o silêncio nas igrejas e casas. Nossa capacidade de escuta é afetada por esse constante barulho ao redor. A verdadeira e profunda escuta emerge de um coração quieto e sereno. Quanto mais tagarelice e barulho, menos podemos ouvir.

A quem devemos ouvir? Em primeiro lugar, à voz de Deus, tema constante nas Escrituras, que descrevem a dureza de coração como a incapacidade de ouvir a Palavra. É preciso ouvir Deus com a mente e o coração, com a razão e os sentimentos, deixando-se penetrar pela Palavra transformadora.

Como a semente que cai no solo para ser fertilizada e dar fruto, assim é a Palavra de Deus que cai no coração. A terra, em latim, é *húmus*, cujo antepositivo *hum-* deu origem à palavra "humildade". Assim, ela permanece quieta, sem chamar a atenção, pisada, despercebida, mas está pronta para acolher a semente no profundo, no escuro, e dar seu fruto no devido tempo.

Quando foi a última vez que escolhemos acolher a Palavra e, como Maria, nos colocarmos silenciosamente aos pés de Cristo para ouvi-lo? A capacidade de ouvir Deus está relacionada à qualidade da vida devocional. Ler a Palavra, recebê-la e aplicá-la no cotidiano é graça, favor imerecido e, ao mesmo tempo, disciplina a ser desenvolvida. Graça, pois depende da revelação de Deus e não pode se tornar uma técnica; disciplina, pois requer de nós uma escolha, um exercício no tempo (horário pré-determinado) e no espaço (local propício).

Em segundo lugar, devemos ouvir uns aos outros. A comunhão depende de comunicação. Ouvir e ser ouvido cria a comunidade. Os litígios e conflitos surgem quando não ouço e não sou ouvido. Os relacionamentos desmoronam por causa da incapacidade de se escutar uns aos outros. Essa é a queixa comum na família, partindo de esposas, maridos e filhos: "Não sou ouvido, não sou compreendido, não sou respeitado".

Ouvir negligentemente gera mal-entendido. Em vez de acolher, debatemos; em vez de ouvir, discutimos. Alteramos o tom de voz, gritamos. Enquanto o outro fala, pensamos na resposta, e uma conversa vira bate-boca. Reconciliar e pacificar significa levar duas pessoas a ouvir uma à outra. Quando realmente ouvimos aquilo que o outro diz, nos identificamos com sua humanidade;

passamos a entender seu mundo e, assim, podemos chorar com os que choram e nos alegrar com os que se alegram.

Quando há escuta, podemos nos expor, contar quem somos na certeza de que o outro nos ouve e se solidariza conosco. A controvérsia teológica e a maledicência revelam mentes estereotipadas, fechadas, avessas ao diálogo e à transparência, além do medo da aproximação, que dificulta discernir a fraternidade, isto é, encontrar o irmão e perceber que somos membros do mesmo corpo. Quando existe um contexto de escuta, as máscaras caem. Ouvimos e somos ouvidos a partir de nossa realidade mais profunda e aprendemos a nos respeitar, validando e considerando a história e a singularidade das pessoas.

Finalmente, somos chamados a ouvir o mundo. Devemos começar reconhecendo que muitos de nós, cristãos, vivemos alienados numa bolha protetora. Não ouvimos o clamor do mundo — pelo contrário, ouvimos passivamente a mídia com sua mensagem consumista que nos acomoda e anestesia. Tornamo-nos surdos aos inúmeros clamores do mundo.

A verdadeira e profunda escuta emerge de um coração quieto e sereno. Quanto mais tagarelice e barulho, menos podemos ouvir.

Só quando ouvimos entramos em contato com o mundo tal qual ele é. Assim, nos identificamos e compreendemos o drama do ser humano sem Deus, ouvimos suas indagações, suas dores e, então, podemos falar de um evangelho que vai ao encontro de suas necessidades. Esse é o princípio da encarnação. Ouvimos não somente o clamor dos perdidos, mas também o clamor dos pobres. Só há um ser que devemos nos recusar a ouvir: o diabo. Esse foi o erro de Adão e Eva: em vez de ouvirem a Deus, ouviram Satanás.

Por fim, é necessário cumprir o grande mandamento: "Ame o Senhor, o seu Deus, de todo o seu coração, de toda a sua alma, de todo o seu entendimento e de todas as suas forças. [...] Ame o seu próximo como a si mesmo" (Mc 12:30-31); precisamos aprender a ouvir melhor a Deus e uns aos outros, pois essa é uma profunda expressão do amor.

Santidade

NO JARDIM DO ÉDEN, a escolha de viver longe de Deus lançou o ser humano no abismo do pecado, na compulsão de pecar, no vício do pecado, nesse miserável corpo dessa morte. O pecado, portanto, não é um acidente de percurso; é parte de nossa natureza, e não há meio de nos livrarmos dele pela religião, pelo ascetismo ou pelo esforço próprio.

O mistério da salvação revela não somente a grandeza e a extensão do estrago causado pelo pecado em nós, como também a força e a inclinação para o mal que está em nosso coração. Só Jesus Cristo e seu Espírito têm força em face dessa terrível inclinação. Diante de nossa impotência na luta contra o mal, e na constatação da força e da extensão do pecado em nós, podemos discernir a grandeza e o poder da salvação proposta pelo sangue de Jesus Cristo na cruz.

O sangue derramado na cruz redentora, alinhado com a espiritualidade, revela a percepção profunda tanto da sublimidade da vocação humana de ser amado por Deus quanto da miserabilidade de nossa condição de pecadores compulsivos e viciados. É isso que nos leva a perceber o custo da graça e a reparação de Jesus Cristo na cruz do Calvário. Portanto, só é possível falar de santidade a partir de uma vida espiritual, isto é, dirigida pelo Espírito.

Assim, o primeiro aspecto da santidade diz respeito ao Espírito Santo, que nos convence do pecado, levando-nos a reconhecer o amor incondicional de Deus. Só diante de sua presença amorosa podemos processar nossas torpezas. Fora dela não conseguimos admitir nossas maldades e o pecado se torna um tique nervoso, camuflado e cheio de justificativas. É o Espírito Santo que nos leva a admitir o pecado para deixarmos de escondê-lo ou negá-lo. Quando nos percebemos pecadores, olhamos para a cruz, na qual há redenção e perdão.

A espiritualidade cristã vive essa realidade que é revelada ao coração, portanto não depende somente da compreensão intelectual da reta doutrina. Isso quer dizer que a percepção dessa realidade também atinge nossos sentimentos e afetos. No entanto, não nos vemos como pecadores. Por causa da tentação religiosa, nos consideramos íntegros e bondosos. Esse é o maior pecado: o do fariseu travestido de boas intenções, constantemente se comparando com os corruptos, os adúlteros, os assassinos. Assim, se acha justo e correto.

A verdadeira santidade reside no gesto simples do cotidiano, e não no discurso ou na produção religiosa. É uma vida de exercícios diários em busca da transformação do caráter à imagem de Cristo.

A ilusão religiosa nos leva a pensar que, se não confessarmos nossos pecados, Deus não ficará sabendo. Isso cria um tipo de esquizofrenia espiritual, uma vida dupla na qual a agenda paralela e secreta de pecado convive com cerimônias, discursos e práticas religiosas. O fariseu é alguém que conhece as Escrituras, mas vive atrás dessa fachada religiosa, resistindo à transformação mais profunda do caráter.

O segundo aspecto da santidade diz respeito ao fruto do Espírito. Contrastando com as obras da carne, as Escrituras nos introduzem a nove virtudes: o fruto do Espírito (Gl 5:19-22). A vida segundo as obras da carne, no plural, indica fragmentação e desagregação, pois são realizações humanas, independentes de Deus. O fruto, no singular, representa a unidade de uma vida nova porque nasce da presença divina em nós.

Confundimos santidade com moralismo. A moral está relacionada com princípios socialmente aceitos. Santidade não é uma moral da boa conduta; é a própria presença do Espírito Santo infundindo em nós o caráter de Cristo, que é amoroso, alegre, pacífico, longânimo, benigno, bondoso, fiel, manso e sereno.

Outras vezes, confundimos santidade com legalismo. O legalismo está relacionado com as proibições e conseqüentes punições aos infratores. O fruto do Espírito é diferente. Não se baseia em proibições, mas no potencial humano, amparado por Deus, de fazer o bem e resistir ao mal.

A igreja precisa de um espaço para o quebrantamento, para a confissão e para hinos que falam sobre a cruz e o perdão. Nela, inclinações perversas da alma humana, como o orgulho, a ambição, o autoritarismo, a maledicência e a avareza às vezes são travestidas de zelo ministerial. A igreja, no entanto, deve ser o espaço para tratar desses vícios da alma em direção ao fruto do Espírito.

O santo, portanto, não é aquele que não peca, mas o que sabe reconhecer e admitir que é pecador e encontra, na cruz de Cristo, o perdão de Deus. Só quem chora aos pés da cruz por sua miserável natureza caída pode experimentar a alegria do perdão e do acolhimento de Deus.

Confessar o pecado pode parecer mórbido, mas, ao contrário, são as lágrimas de arrependimento que nos conduzem à alegria indizível, à celebração íntima e inexplicável no profundo da alma, porque somos recebidos por Deus, Pai de Jesus Cristo, para o qual a concessão do perdão é motivo de festa. Por isso, santidade e bom humor andam juntos.

A verdadeira santidade reside no gesto simples do cotidiano, e não no discurso ou na produção religiosa. É uma vida de exercícios diários em busca da transformação do caráter à imagem de Cristo, deixando-se levar pelo Espírito em direção à vida plena, radiante, que busca o bem e resiste ao mal, sendo capaz de admitir e confessar suas contradições.

Fé cristã

HÁ UMA DISTINÇÃO entre a forma e o conteúdo da fé cristã. A forma é relativa, muda de acordo com a época e as circunstâncias. O conteúdo é absoluto, imutável ao longo da História. Poderíamos sintetizar o conteúdo do cristianismo da seguinte forma: salvação pela fé em Cristo Jesus, que nos conduz à comunhão com o Pai, chamando-nos para uma vida santa e comunitária, servindo ao próximo, em obediência à Palavra e pela força do Espírito Santo.

A forma de expressar esse conteúdo varia ao longo do tempo. O testemunho da fé cristã, como o da síntese acima, já foi vivido sob a perseguição de patriarcas, juízes, reis, imperadores, ditadores e presidentes eleitos. Reuniões foram realizadas em catacumbas, casas, templos, catedrais, mosteiros, escolas, auditórios e embaixo de árvores. A evangelização ocorreu de diversas formas: pessoal, em massa, porta a porta, através da amizade, grupos pequenos, retiros etc.

Podemos expressar louvor com canto gregoriano, negro-espiritual, hinos da Reforma, louvorzão com coreografia, órgão, bandas, corais etc. Deus age na história por intermédio de diversas correntes teológicas, como os Pais do Deserto no início da Igreja, mais tarde a Reforma e seus desdobramentos: o fundamentalismo, o pentecostalismo, os movimentos de justiça social e de santidade, o despertamento missionário, a missão integral, a igreja nas casas etc.

É um equívoco achar que a forma é mais importante que o conteúdo e estipular que Deus só pode agir no mundo por determinada via preestabelecida. A fé cristã desenvolveu-se nas igrejas católica, ortodoxa e reformada em diferentes períodos da história. Hoje, a igreja e suas lideranças enfatizam a forma ou a estratégia — o que, no jargão evangélico, se denomina "visão".

Esta é uma pergunta comum: "Qual é a visão de sua igreja?". Não se pergunta qual é o conteúdo, pois o interessante é a forma, por meio da qual se estabelece a comparação, a competição baseada naquilo que é relativo: a visão ou o modelo para expressar a fé. Quando pessoas ou grupos priorizam a forma, isto é, afirmam categoricamente que Deus só pode agir dentro de determinado padrão, criam o ambiente para a divisão.

O fato é que a igreja não se estabelece no mundo através de forma, estratégia ou visão, mas pela ação do Espírito Santo na vida dos cristãos, que testemunham a santidade, a obediência, a humildade, o serviço e, principalmente, o amor de uns pelos outros. Esse é o conteúdo básico para se viver a fé cristã, independentemente da forma.

A igreja não se estabelece no mundo através de forma, estratégia ou visão, mas pela ação do Espírito Santo na vida dos cristãos.

Dizer que o Espírito de Deus só pode agir por meio desta ou daquela estratégia ou visão é uma atitude perniciosa e desabonadora de outros modelos. É um exagero, uma temeridade. A única estrutura na qual o Espírito não pode agir é a humana religiosa, arrogante, legalista, dona da verdade, tal qual o ambiente farisaico que Cristo encontrou em seu tempo. No entanto, quem somos nós para julgar?

Corremos o risco de que lideranças humanas imprimam muito mais o próprio caráter do que o de Cristo na vida da igreja. Hoje fala-se muito sobre líderes e lideranças; há cursos, retiros, livros com forte ênfase secular para formar homens e mulheres empreendedores, capazes de motivar pessoas e fazer as coisas acontecerem.

O resultado é uma geração de pastores urbanos que estão cada vez mais parecidos com executivos bem-sucedidos. Sabem usar a mídia, são bons marqueteiros e excelentes gerentes administrativos. A igreja parece mais uma empresa em busca de resultados do que uma comunidade que serve à sua geração.

Ora, não é a palavra "líder" que consta na Bíblia, mas "servo", a mais exata para definir aqueles que são chamados pelo Senhor para exercer dons no contexto da igreja. O que vemos nas Escrituras é Deus chamando pessoas que não sabem falar, não passam de crianças, possuem lábios impuros, nascidos fora do tempo; homens e mulheres inadequados, incapacitados e fracos. Deus faz isso, pois nos usa, apesar de nós, para que a glória seja dada a ele, e não a homens ou modelos.

É tempo de cessar a estéril discussão acerca da forma e resgatar o verdadeiro conteúdo da fé cristã. É tempo de sermos mais servos e menos líderes. Mais santos e menos heróis. Esse é o testemunho que vai permanecer na história.

Comunhão

DEUS É A ETERNA FAMÍLIA: o Pai, o Filho e o Espírito Santo. Ao nos convertermos, tornamo-nos participantes do Espírito Santo que, através do Filho, nos conduz ao Pai. Isso significa que fazemos parte dessa família, que nos acolhe em sua comunhão.

A vida cristã é relacional. Sendo assim, devoção e comunhão são partes da mesma unidade, pois, quando amamos a Deus, também amamos o próximo. Ninguém pode dizer que se relaciona com Deus se não tem amigos, anda errante e solitário sem que ninguém o compreenda, sem compreender seus semelhantes. Amizade é o grande tema das Escrituras.

Podemos dizer que o Deus da Bíblia é a eterna amizade entre o Pai, o Filho e o Espírito Santo, desejoso de nos tornar seus amigos para que vivamos como amigos entre nós. Esse é o grande mandamento, sob o qual se sujeita toda a revelação de Deus: amar a Deus, a si e a seu semelhante. Em outras palavras, devemos estabelecer relacionamentos de amizade e intimidade com Deus, conosco e com o próximo.

Aprender a amar o outro, o diferente, é um processo contínuo. Ao pedir que amemos nossos inimigos e oremos por aqueles que nos perseguem, Jesus Cristo introduz outra maneira de lidar com o conflito num mundo marcado por antagonismos, rupturas e lutas fratricidas. Quando respondemos à agressão com agressão, entramos numa espiral sem fim na qual o mal é retro-alimentado e se torna cada vez maior. Quando, ao contrário, respondemos ao mal com o bem, desarticulamos a estrutura do mal, e o bem prevalece.

O amor não é um sentimento vago e subjetivo, mas se concretiza nas amizades. A comunhão é, portanto, a amizade humana consagrada pela presença do Senhor. Assim, nosso Senhor Jesus Cristo nos dá o exemplo, enfatizando sua amizade com o grupo dos doze apóstolos. Ele nos diz: "Já não os chamo servos, porque o servo não sabe o que o seu senhor faz. Em vez disso, eu os tenho chamado amigos, porque tudo o que ouvi de meu Pai eu lhes tornei conhecido" (Jo 15:15).

Trazemos a *imago Dei*, isto é, fomos criados à imagem e à semelhança de Deus, portanto somos seres relacionais e encontramos nossa verdadeira vocação humana na comunhão. Com a Trindade, aprendemos a conviver com a tensão criativa entre "eu" e "tu", compreendemos o respeito, a alteridade, a cooperação e a solidariedade. Isso só é possível quando escolhemos amar e abrimos mão do poder e do controle na relação.

Jesus disse que pelo amor que temos uns pelos outros seríamos conhecidos como seus discípulos (Jo 13:35). Assim, podemos dizer que o verdadeiro discípulo é amigo de muitos. Seus vínculos de afeto e companheirismo se estendem pela família de sangue, pela família de fé e pela família humana.

A aceitação e o amor criam o contexto para a intimidade, para estar com alguém, podendo ser eu, sem reservas, sem segredos, sem máscaras, sem precisar representar para ser aceito. Um amor sem exigências, sem cobranças, sem críticas. Um amor que é só bondade e aceitação. Deus nos propõe sua intimidade a partir de seu amor incondicional. Com ele aprendemos a nos relacionar, a construir vínculos de intimidade que devolvem a liberdade de sermos quem realmente somos, sem precisarmos de jogos manipuladores para sermos aceitos.

Deus deseja que tenhamos intimidade com ele e uns com os outros. Essa é a razão pela qual fomos criados. Maridos e mulheres, pais e filhos, irmãos na igreja que se conheçam, respeitem-se e sintam-se amados. O verdadeiro amor lança fora o medo da rejeição: podemos ser quem somos, nos mostrar vulneráveis diante do outro que nos quer bem, expondo nossas franquezas e virtudes sem o risco de sermos usados. Esse contexto de amor e liberdade nos permite crescer, amadurecer e florescer para a vida.

Na igreja encontramos o outro diferente, e onde há diferenças, há distância e conflitos. As muitas diferenças de faixa etária, de contextos familiares e sociais, de visões de mundo e de formas de vivenciar a fé fazem da igreja um agrupamento plural.

Não sabemos muito bem como lidar com as tensões e, para evitá-las, elegemos líderes que agem com pulso de ferro ou elaboramos uma regra de fé e conduta minuciosa que deve ser aceita e respeitada por todos. Às vezes, entramos em conflito, e as atitudes rígidas e ressentidas conduzem à divisão. Aprender a respeitar e validar as diferenças, encontrar um meio de resolver os conflitos com tolerância e perdão é o verdadeiro caminho cristão.

Aprender a respeitar e validar as diferenças, encontrar um meio de resolver os conflitos com tolerância e perdão é o verdadeiro caminho cristão.

A unidade proposta pelas Escrituras encerra um mistério. A Trindade são três, mas é um. Marido e mulher se tornam um, mas continuam dois. Somos um só corpo, mas muitos membros. Isso significa dizer que nos tornamos um não por simbiose nem por fusão, perdendo nossa identidade. Pelo contrário: o teste sublime desse mistério da unidade é que, quanto mais sou um com Deus, com meu cônjuge e com meu irmão em Cristo, mais posso ser eu e mais o outro é ele, sem confusão de identidades.

A mesa do Senhor e outras mesas

QUANDO DEUS VISITA Abraão e Sara nos carvalhais de Manre, ele aceita o convite e se assenta com eles para partilhar uma refeição (Gn 18:1-8). O Senhor Jesus é visto freqüentemente em jantares e banquetes, e seus detratores o acusam de comilão e beberrão (Mt 11:19). Seu primeiro milagre é fazer mais vinho para que uma festa não termine antes do previsto (Jo 2:1-11). Na última ceia, ele diz que deseja ardentemente comer com seus discípulos, ordenando que até sua volta a igreja reunida coma pão e beba vinho em sua memória (Lc 22:15).

O apóstolo João, na ilha de Patmos, viu o céu se abrir diante de seus olhos e descreve o desfecho da história com um banquete que celebra as bodas do Cordeiro (Ap 19:7-9). Todos esses textos nos revelam um aspecto surpreendente do caráter de Deus: seu desejo e sua alegria em sentar-se à mesa conosco para partilhar uma refeição.

Na igreja, a ceia do Senhor tem se tornado, muitas vezes, um gesto vazio de conteúdos e significados. Sentamos olhando para uma nuca, e comemos solitariamente um pedacinho de pão com um golezinho de suco de uva, sem discernir a santa, doce e bendita presença do Senhor entre e através de nós.

A ceia do Senhor é uma celebração comunitária. Significa que ele nos une em torno de sua mesa para que nos tornemos companheiros, vivamos juntos, como irmãos em comunhão, no amor fraternal, que é o anúncio inequívoco que, de fato, Deus está entre seus filhos.

A sociedade contemporânea perdeu a beleza e a intimidade da mesa. Houve um tempo em que a mesa era o principal móvel da casa. Em torno dela, a família se reunia, olho no olho, ombro a ombro, troca de confidências, risos e pequenos conflitos também. Um lugar de intimidade não só para a família, mas também para outros parentes, amigos e até mesmo estrangeiros e desconhecidos. Mesa é um lugar onde Deus gosta de estar; ele nos quer próximos, achegados.

No entanto, a televisão se tornou o móvel principal da casa. Freqüentemente nos reunimos para "assistir a um vídeo e pedir uma pizza". Com isso inviabilizamos o contato, a comunhão e a intimidade. Estamos fascinados com o *fast food*, o *home theater*, sem perceber que nos tornamos distantes uns dos outros, consumidores de produtos e produções de baixa qualidade. É hora de resgatar um tempo especial em torno da mesa cotidiana da família, e daquela maior, da festa, do domingo com parentes e amigos.

Resgatar a intimidade em torno da mesa, sua sacralidade e sua beleza significa experimentar a comunhão cristã em seu sentido mais profundo, isto é, a amizade humana consagrada pela presença do Senhor. Estar à mesa revela o desejo de Deus de participar conosco no cotidiano, além de seu desejo de justiça, de que haja pão, vinho e amizade em cada mesa do planeta.

Quando percebemos a sublimidade da mesa, passamos a recusar outra: a dos zombadores (Sl 1:1). Lugar de dissolução, maledicência, glutonaria, bebedeira; mesa obscura, cujas conversas não podem ser transparentes e de boa consciência; mesa de negociatas, de olhares sedutores e sensuais que geram aventuras inconseqüentes; mesa daqueles que se dizem irmãos, mas cujo coração e comportamento está longe do Senhor (1Co 5:9-11).

Mesa do Senhor para a celebração da ceia, mesa de todo dia em família, mesa da festa com os amigos. Momentos preciosos, intensos, de amizade e intimidade, sempre na presença daquele que misteriosamente se faz presente em seu grande desejo de conviver e se fazer companheiro dos homens. Ele é a fonte de amizade e encontro, Emanuel, o Deus vivo que quer participar conosco na igreja aos domingos, na refeição simples do cotidiano e também em nossas festas e celebrações... em torno de uma mesa!

Mesa é um lugar onde Deus gosta de estar; ele nos quer próximos, achegados.

Que assim, na quietude de nossos corações, possamos ouvir a voz daquele que diz: "Eis que estou à porta e bato. Se alguém ouvir a minha voz e abrir a porta, entrarei e cearei com ele, e ele comigo" (Ap 3:20).

Do fracasso à realização

Crises e perdas fazem parte da experiência humana. Podem acontecer na família, no trabalho ou na igreja. De repente, por razões que estão fora de nosso controle, fracassamos e nos vemos diante da dor e do sofrimento. Pode ser uma separação, uma enfermidade grave, um desemprego prolongado ou uma falência. Algumas vezes, essas crises surgem sem razão plausível; outras, por nossa culpa e responsabilidade.

No universo evangélico existe a idéia errônea de que o cristão não sofre. Basta seguir os princípios bíblicos para tudo dar certo. Quando alguém fracassa, tendemos a achar que essa pessoa não está andando nos caminhos do Senhor. Quando acontece conosco, chegamos a pensar que Deus nos abandonou.

O fracasso é o fim irreparável de um determinado projeto no qual colocamos muita expectativa e energia, mas que afunda, quebra e não tem mais cura ou conserto.

Quando fracassamos, o mundo desaba sobre nós e nos vemos diante de duas possibilidades: admitir e aceitar nossa limitação, nos humilhando diante do Senhor e buscando sua ajuda; ou negar, esconder e fugir na tristeza, nos vícios, no ativismo e no ressentimento, em vez de enfrentar.

Ao aceitarmos o conceito do fracasso, inicia-se um processo de retomada da vida e de condução à realização autêntica. O aprendizado principal é o fim da ilusão de onipotência e de autonomia. Essas duas palavras descrevem aquilo que a Bíblia chama de pecado.

A onipotência (ou desejo de ser igual a Deus) é se achar forte o suficiente para enfrentar qualquer situação na vida; é a autoconfiança e a prepotência exageradas. A autonomia é a pretensão de não precisar de ninguém, achando-se adequado e capacitado para resolver tudo sozinho.

O pecado nos leva a usar Deus e as pessoas para a realização de projetos pessoais sem reconhecermos a colaboração e a ajuda decisivas que recebemos para alcançá-los. O arrependimento é a dolorosa desconstrução dessa ilusão de onipotência e autonomia que herdamos com o pecado original. A pedagogia de Deus, por intermédio do fracasso, da dor e do sofrimento, coloca-nos diante de nossa finitude e nossa fragilidade para, então, nos quebrantarmos e dependermos dele.

A pedagogia de Deus, por intermédio do fracasso, da dor e do sofrimento, coloca-nos diante de nossa finitude e nossa fragilidade para, então, nos quebrantarmos e dependermos dele.

Nesse processo, emerge de nossas fraquezas uma força ainda desconhecida, e assim nos tornamos feridos capazes de curar — em outras palavras, consoladores que oferecem o que receberam de Deus no dia da angústia e do sofrimento. Toda realização e todo sucesso na vida deixam de ser conquistas pessoais para serem compartilhados, tornando-se motivo de glória ao Senhor da vida e gratidão às pessoas que nos ajudaram.

Na Bíblia, são muitos os exemplos de homens que fracassaram, foram restaurados e usados por Deus:

- Jacó queria ser o primogênito. Para isso, manipulou o irmão Esaú. Fugiu da parentela, vagou durante anos como exilado e fugitivo até que se tornou Israel, pai das doze tribos do povo eleito.

- Moisés matou um egípcio e, perseguido por Faraó, escondeu-se no deserto por quarenta anos antes de se tornar o grande libertador de Israel.

- Paulo, após sua conversão, fracassou na primeira empreitada ministerial em Damasco e fugiu na calada da noite. Passou dez anos no deserto, anônimo, antes que Barnabé o procurasse e Deus o usasse como missionário e teólogo.

- Pedro, que se acovardou e negou Cristo três vezes no dia da crucificação, humilhou-se e chorou quando seu olhar cruzou com o do Salvador; a partir daí, tornou-se líder principal da igreja nascente.

Na história recente, conhecemos a saga de Nelson Mandela, que amargou 27 anos no cárcere antes de se tornar presidente da África do Sul e pôr fim à odiosa política do *apartheid*.

Aqueles que experimentam o fracasso podem conhecer melhor o Deus que restaura e cura.

Entre o fracasso, a plena realização e a vocação há um caminho que passa por luto, lamento, reconhecimento da finitude e da fragilidade humanas, confissão dos pecados da autonomia e da onipotência e consagração ao Senhor. Só então se pode experimentar uma profunda mudança espiritual, emocional, relacional e existencial.

Vivemos uma nova vida baseada em humildade, dependência de Deus e serviço ao próximo, estabelecendo vínculos profundos e duradouros no núcleo familiar, no contexto da igreja e da sociedade. As situações de fracasso, intensa inadequação, dor e humilhação são, portanto, transformadas nas mãos de Deus, e a vida ao lado dele se torna mais intensa, frutífera e abundante.

O discípulo amado

CONTRARIADO COM A RECUSA dos samaritanos em recebê-los, João, um dos doze apóstolos, sugeriu que Jesus Cristo enviasse fogo dos céus para consumir aquele povo em Samaria (Lc 9:51-56). Quando contrariado, desprezado ou humilhado, surge no coração do ser humano a hostilidade, o rancor, o ódio, o ressentimento, a vingança e até mesmo o desejo homicida. A agressividade se mistura aos pensamentos, tornando-os rígidos, julgadores e desejosos do mal para os outros. Descobre-se o preconceito, a impiedade, a incapacidade de amar o diferente e aquele que o rejeita.

Esse mesmo João (idealizador das bombas de napalm) agora se encontra no cenáculo (Jo 13:23-26), reclinado no peito de Jesus Cristo. Assim como João, o ser humano é pecador contumaz, a quem Cristo recebe em seu amor, acolhendo-o em seu abraço — o abraço da cruz, que perdoa e cura as maldades. Nessa expressão de profundo afeto e intimidade, reclinado em seu peito, é possível sentir o hálito e ouvir o coração do Mestre. Junto de Jesus é possível processar as torpezas e aprender a amar.

Mais tarde, João escreve: "Amados, amemos uns aos outros, pois o amor procede de Deus. Aquele que ama é nascido de Deus e conhece a Deus. Quem não ama não conhece a Deus, porque Deus é amor" (1Jo 4:7-8). O amor de Cristo é a única resposta à violência que permeia e cerca a humanidade. Em seu abraço, as tendências destrutivas do caráter humano podem ser transformadas em atitudes amorosas, ternas, solidárias, pacíficas e pacificadoras.

João estava na ilha de Patmos (Ap 1:9), por volta do ano 90 d.C., quando escreveu o Apocalipse. Era um momento em que a igreja nascente enfrentava uma perseguição brutal. Os cristãos eram vistos como ameaça subversiva, pois se recusavam a prestar culto ao imperador, colocando em cheque sua autoridade *divina*, a base do sistema. Foi um período de muito sofrimento, milhares de prisões, exílios e execuções. João foi sacudido pelas dificuldades, experimentou frustração, ostracismo, fracasso, perda, angústia e dor.

Como João, temos nossos dias de Samaria, quando nos tornamos hostis, agressivos, desafeiçoados e desejosos do mal. Na cruz, Deus nos recebe com seu perdão e, por meio do Espírito Santo, nos ensina a ser mais doces e afetivos.

Contudo, onde a solidão e o medo rondavam a alma, João vê o céu se abrir e, no trono do universo, o Cordeiro que foi morto. Então ouve um coro celestial entoando: "Àquele que está assentado no trono e ao Cordeiro sejam o louvor, a honra, a glória e o poder, para todo o sempre!" (Ap 5:13). Nos momentos de dificuldade, não perde a paz, a esperança e a alegria de viver, pois Deus revela que Jesus Cristo venceu e, assim...

> ... enxugará dos seus olhos toda lágrima. Não haverá mais morte, nem tristeza, nem choro, nem dor, pois a antiga ordem já passou. Aquele que estava assentado no trono disse: "Estou fazendo novas todas as coisas!" E acrescentou: "Escreva isto, pois estas palavras são verdadeiras e dignas de confiança".
>
> Apocalipse 21:4-5

Você e eu somos como João quando prosseguimos em nosso caminho de fé, esperança e amor. Somos acolhidos por Deus no abraço e na intimidade de Cristo. Como João, temos nossos dias de Samaria, quando nos tornamos hostis, agressivos, desafeiçoados e desejosos do mal. Na cruz, Deus nos recebe com seu perdão e, por meio do Espírito Santo, nos ensina a ser mais doces e afetivos.

Em outros momentos, somos como João na ilha de Patmos. Uma crise nos aguarda na esquina da vida e nos derruba, seja física, emocional, profissional ou relacionalmente. Ficamos sozinhos e desolados. Então o céu se abre para nós e no trono do universo vemos Jesus Cristo. Sem termos uma resposta para o sofrimento, entendemos que tudo passa, pois vem aí o Novo Céu e a Nova Terra, onde não haverá mais o mal, a luz de Deus brilhará eternamente e nós o contemplaremos face a face.

Como João, transitamos pela Samaria, pelo cenáculo e por Patmos, e a vida cristã tem relação com esse contínuo caminho de crescimento no arrependimento, na fé, na esperança e no amor. Como João, cada um de nós é chamado para ser um discípulo amado.

PARTE

3

Casa
Meditações sobre a família

Mistério divino

QUANDO LEMOS EFÉSIOS 5:22-33, trecho considerado por muitos como a mensagem áurea para o casamento, notamos primeiramente os papéis, as explicações e as ordens específicas. No entanto, o versículo 32 revela: "Este é um mistério profundo".

O casamento é um mistério, isto é, algo que não está na superfície, mas escondido, que necessita de busca minuciosa. O mistério é algo que independe de especulação; não é inatingível, mas carece de revelação e discernimento. O mistério do casamento não é completo, finito, mas inesgotável.

Qual é o mistério escondido no casamento?

Lemos em Salmos 139:13-15:

> Tu criaste o íntimo do meu ser e me teceste no ventre de minha mãe. Eu te louvo porque me fizeste de modo especial e admirável. Tuas obras são maravilhosas! Digo isso com convicção. Meus ossos não estavam escondidos de ti quando em secreto fui formado e entretecido como nas profundezas da terra.

Por que existo? Por que está aqui alguém, em vez do nada? O salmista tem a clara consciência da obra criadora de Deus. Ele fala do modo assombrosamente maravilhoso como Deus cria o homem do nada. O mistério de minha existência é uma maravilha e também um milagre. Só se pode ter consciência ou percepção disso através de revelação.

Por que existo, se não tinha sequer o direito de existir? Deus olhou favoravelmente para nós no momento de nossa concepção. Quando o óvulo foi fecundado pelo espermatozóide, formando uma substância informe, Deus estava presente e disse "sim". Ao percebermos o milagre e o mistério da criação, nossa resposta é: "Estou assombrosamente maravilhado".

Assim, a vida, a natureza e o casamento são milagres, maravilhas ou mistérios. O começo de tudo é estar "maravilhado" pelo mistério de existirmos, de sabermos que aquilo que Deus cria, ele também sustenta.

Maravilhado por mim, por minha esposa, pelo mistério de existirmos, minha resposta é: "Graças te dou, pois tuas obras são admiráveis e preciosos são para mim teus pensamentos". É gratidão, adoração, temor, reverência. É louvor que significa, literalmente, cair por terra.

Os versículos 14 e 15 dão a idéia de que fomos todos formados, tomamos uma forma. Este é outro aspecto do mistério: tenho um corpo palpável, real, de carne e sangue, que é um dom, um presente de Deus para mim.

Mais tarde, Paulo exorta as pessoas a glorificar a "Deus com o seu próprio corpo" (1Co 6:20), isto é, saber apreciar esse lado belo e luminoso do mistério de Deus ao nos dar uma forma palpável, um corpo.

Grande é esse mistério. O autor de Cântico dos Cânticos o percebe, expressando-se assim:

> Seus lábios são como um fio vermelho; sua boca é belíssima. Suas faces, por trás do véu, são como as metades de uma romã.
>
> Seu pescoço é como a torre de Davi, construída como arsenal. Nela estão pendurados mil escudos, todos eles escudos de heróicos guerreiros.

> Seus dois seios são como filhotes de cervo, como filhotes gêmeos de uma gazela que repousam entre os lírios.
>
> Cântico dos Cânticos 4:3-5

Por sua vez, a mulher declara:

> Seus olhos são como pombas junto aos regatos de água, lavados em leite, incrustados como jóias.
>
> Suas faces são como um jardim de especiarias que exalam perfume. Seus lábios são como lírios que destilam mirra.
>
> Seus braços são cilindros de ouro com berilo neles engastado. Seu tronco é como marfim polido adornado de safiras.
>
> Cântico dos Cânticos 5:12-14

Assim, no casamento cada um é para o outro um milagre divino, um mistério incompreensível. É um milagre da criação de Deus, um dom, um presente e templo do Espírito Santo. Nesse contexto surge a resposta poética de Cântico dos Cânticos. Por isso sentimos o temor e a gratidão, maravilhados com essa criação única do Senhor.

O casamento é um mistério, isto é, algo que não está na superfície, mas escondido, que necessita de busca minuciosa.

Devemos perceber no casamento esse movimento do centro (que é o mistério, a graça) para a periferia (que é o funcionamento, o problema), e não o sentido inverso. A tradição evangélica nos ensina a permanecer concentrados no funcionamento, mas quando o mistério é central em nossa vida, então podemos enfrentar os grandes problemas, pois sabemos de onde viemos e para onde podemos voltar: o mistério, o milagre, a maravilha de existirmos, de termos sido criados por Deus, o Deus da graça e do amor.

Amor e graça no casamento

Existe, no amor humano, nesse amor que une o homem à mulher, uma ambivalência tremenda: ora é um dom generoso capaz de sofrer e se solidarizar; ora é uma paixão egoísta e ciumenta; às vezes é um voto perene de fidelidade; outras, é sentimento do momento sem compromisso. Assim é o amor humano, dentro e fora do casamento.

Quero, no entanto, falar do amor cristão. No casamento cristão, cada um se dá ao outro de forma completa, exclusiva e definitiva. Um impulso que vem do fundo da alma, pervaga e faz vibrar todo o ser, levando a encontrar o amado com o abraço, o afeto, o carinho e o cuidado concretos.

Sabemos que o amor humano tem variações e alterações surpreendentes; é capaz de passar da atitude afetuosa, poética e sublime para o desprezo gélido e distante. O amor cristão, ao contrário, não é levado apenas pelos sentimentos, mas encontra seu abrigo contra as ambivalências da alma no zelo e no fervor da vontade, do compromisso e do desejo de cumprir um voto.

No relato de Gênesis, o homem foi criado no sexto dia como o ato final de Deus na criação, obra-prima de sua genial criatividade. Tudo neste planeta era para o homem, e ele era para o Senhor. No entanto, a obra de Deus ainda não estava terminada: "Não é bom que o homem esteja só" (Gn 2:18); e diante do homem solitário, na noite do último dia, Deus apresenta sua última criatura. Em face de uma natureza respeitosa e atenta, cria a mulher e a torna companheira do homem.

No momento sublime e final da criação, homem e mulher se encontram; seu amor vigoroso e puro ressoa como um cântico novo e desconhecido por toda a terra. A Palavra afirma: "E Deus viu tudo o que havia feito, e tudo havia ficado muito bom. Passaram-se a tarde e a manhã; esse foi o sexto dia" (Gn 1:31). Assim, lançando seu olhar amoroso para o homem e a mulher que se abraçam, Deus descansa no sétimo dia. Sua obra está completa. Nesse encontro se consuma o desejo de Deus na criação.

Em Gênesis, no entanto, continua o relato. Esse amor puro e vibrante se esfacela pelo caminho. O pecado original não foi somente uma falta pessoal, mas pecado do casal que, rompendo a aliança com Deus, leva esse amor a perder a pureza original. A cobiça e o desejo de ser igual a Deus geram a luta pelo poder entre homem e mulher, que desenvolvem acusação e desconfiança.

O amor cristão [...] não é levado apenas pelos sentimentos, mas encontra seu abrigo contra as ambivalências da alma no zelo e no fervor da vontade, do compromisso e do desejo de cumprir um voto.

Permanecem, porém, no coração do homem, o desejo e a saudade de um amor perfeito, puro, que une, é fiel, paciente e benigno. Ao mesmo tempo, existe no coração humano um fermento de divisão que o separa de Deus, levando-o ao litígio e à ruptura em relação a seu semelhante.

Porém, ainda que desfigurado de seu esplendor original, o amor não perdeu toda a sua qualidade. Ele continua sendo sinal, incumbido de levar ao mundo a mensagem de que fomos criados à imagem e à semelhança de um Deus pessoal, que se relaciona e ama de forma incondicional — um amor que não merecemos nem podemos retribuir.

Diante dessa fonte inesgotável de amor, podemos experimentar a cura das feridas causadas pela rejeição e, desarmados, encontrar o outro, pois sabemos de onde viemos e para onde podemos voltar: o terno abraço de Deus que nos recebe e aceita por intermédio de Jesus Cristo.

Ao nos reconciliar com Deus pelo amor derramado na cruz, Jesus Cristo traz cura e transformação para corações egoístas, desafeiçoados e volúveis. Em Cristo torna-se possível resistir aos inimigos do amor, crescendo em intimidade e capacidade de doação. Não há triunfo para o amor senão de joelhos diante de Jesus Cristo, suplicando ser revestido pela graça, nutrido e fortalecido pelo Espírito Santo, para a glória do Pai.

Entendemos a salvação proposta por Cristo Jesus como sendo graça derramada não somente sobre nós para a vida eterna com Deus, mas também sobre nossos relacionamentos vitais: marido e mulher, pais e filhos. O mundo carece desesperadamente desse amor tanto nas relações familiares quanto nas relações sociais e internacionais.

Adentramos a experiência do amor e da graça de Deus, que jorram de seu coração desde a eternidade, quando nos arrependemos de nossos pecados diante da cruz do Calvário, sua expressão mais concreta e profunda. A partir dessa experiência, um casal pode se olhar mutuamente com esse amor que aceita incondicionalmente, com essa atitude imersa na graça que perdoa e redime o outro de seus erros. Um amor que não exige perfeição e que responde ao mal com o bem.

Festa de casamento

Um casamento não é mera formalidade social. Ele tem um significado bem mais profundo. Primeiro, porque duas pessoas querem fazer votos, promessas e assumir compromissos um com o outro diante de Deus, dos pais, parentes e amigos. Segundo, porque eles também desejam receber a bênção de Deus sobre sua união. Trata-se de um momento de alegria, de encontro, de comida, bebida, bolo, danças. Surgem, então, emoções do fundo da alma, emoções muitas vezes reprimidas pelas agruras do cotidiano.

Não há lugar melhor no mundo de se estar do que numa festa de casamento. Há uma memória inconsciente escondida no fundo da alma que se projeta para uma cena primordial na origem da vida humana. Naquele dia — o sexto, segundo o relato da criação —, Deus fez adormecer o homem e, diante de uma natureza silenciosa e reverente, criou a mulher. Despertado do sono, Adão declama o primeiro cântico da história humana: "Esta, sim, é osso dos meus ossos e carne da minha carne! Ela será chamada mulher, porque do homem foi tirada" (Gn 2:23). E caminharam juntos pelo jardim, uniram-se e se tornaram uma só carne.

Numa festa de casamento, nossa memória genética faz contato com essa idade da inocência no Jardim do Éden. Somos tomados por uma misteriosa, intensa e contagiante alegria. A esperança é renovada. Alguns se emocionam e choram. Olhamos para os noivos e nos esquecemos das dificuldades do cotidiano. Acreditamos que o amor é possível, que pode extrair o que há de melhor em nós. É a esperança de ser acolhido, de pertencer, de ser reconhecido. Apesar das mazelas do mundo, nós nos sentimos melhores e, tal como os noivos, acreditamos que a humanidade também pode melhorar.

É também numa festa de casamento que sentimos de modo especial e profundo a presença de Deus e a presença do homem.

- O divino e o humano.
- O sagrado e o profano.
- O eterno e o efêmero.
- O amor absoluto e o amor humano.
- O perfeito e o imperfeito.

Essa presença divina está presente na primeira união, no Jardim do Éden; nas bodas de Caná; no diálogo de Cântico dos Cânticos, entre Salomão e a Sulamita. O amor divino é a fonte e a origem de todos os amores humanos. Assim, a alegria, a esperança e a crença no amor não estão relacionadas somente à festa, mas a essa outra presença: a presença do divino, do sagrado, do eterno, enfim, a presença de Deus.

Contudo, eventos festivos não duram. A festa acaba. Segunda-feira acordamos e enfrentamos as dificuldades da vida, e cada um tem suas dores existenciais, emocionais, familiares, profissionais e físicas. A alegria, a esperança e o amor que experimentamos no dia da festa, de forma tão intensa, podem sucumbir. Como, então, proteger e cuidar bem desses sentimentos?

Apenas se os votos assumidos pelos noivos servirem de ponte entre essas duas presenças, a divina e a humana. Apenas se pudermos dizer de todo o coração, com toda a sinceridade, com toda a convicção: "Senhor nosso Deus, é pra valer! O compromisso que assumimos hoje é para toda a vida, damos nossa palavra diante de ti e dos homens. Queremos resistir a todos os desencontros, queremos guardar a alegria no dia mau, queremos guardar essa esperança na hora do conflito".

Podemos divergir, desencontrar, enfrentar tensões inerentes a um relacionamento a dois. Podemos até enfrentar aqueles sentimentos e desejos de desistência, de ruptura, tão próprios de nossa frágil humanidade e sua dificuldade de lidar com conflitos. Mas não podemos deixar de encontrar essa outra presença, diante de quem os votos são assumidos: a presença de Cristo, que, a partir de seu amor incondicional, nos ensina a perdoar, reconciliar e permanecer na alegria, na esperança e no amor.

Dessa forma, durante todos os dias da vida, em qualquer circunstância, os votos apresentados diante do ministro e do juiz de paz estabelecem uma ponte com a presença amorosa de Deus, a única que pode garantir que a alegria, a esperança e amor sejam perenes. Refiro-me à alegria de amar o diferente, de amadurecer e envelhecer juntos; à esperança que excede a compreensão, uma capacidade de esperar o melhor; e a um amor que não exige perfeição, que respeita, que não obriga o outro a me fazer feliz, que se abre, que é transparente, sem agendas paralelas ou secretas — um amor fiel, que persevera, acolhe e encoraja; aprende, desaprende e reaprende jeitos de amar ao longo da vida; extrai do outro o que ele tem de melhor.

Não podemos deixar de encontrar essa outra presença, diante de quem os votos são assumidos: a presença de Cristo, que [...] nos ensina a perdoar, reconciliar e permanecer na alegria, na esperança e no amor.

Devemos lembrar sempre que, por maior que seja esse amor, ele não pode preencher o vazio e a solidão que sentimos. Cônjuges são dádivas de Deus, e não seus substitutos. A cerimônia de casamento é o compromisso solene que fazemos com o amor de Deus e o amor um pelo outro, uma consagração para a vida toda, um vínculo indissolúvel. Daí surge o respeito, a fidelidade, o afeto. Venha o que vier, permaneceremos fiéis a Deus e um ao outro.

Hoje tive vontade de fazer uma festa. Vou cozinhar um prato especial, preparar a mesa com a melhor louça, enfeitar com flores e velas, abrir um bom vinho, colocar meus CDs favoritos. Ainda que seja só eu e Isabelle, hoje será dia de festa, com discurso e dança. Festa de renovação de votos de casamento.

Deus da dança

Amar significa abrir um espaço em que o outro se sinta seguro para se tornar vulnerável. Só pode amar quem está em contato com a própria fraqueza, que é um gesto de ternura. Amamos quando acolhemos o outro de modo que ele não sinta a necessidade de garantir espaço, de se defender e se proteger. Só o contato amoroso com a realidade de nossa sombra pode transformá-la.

Tiranos não têm amigos. São incapazes de amar, de gestos de ternura e intimidade, e abominam a fraqueza. Ao invés de mostrar vulnerabilidade diante do outro, eles se justificam, se projetam e se defendem. O medo de ser usados e abusados os torna cheios de suspeitas, e entram na relação armados para se defender. Sentem-se ameaçados e recuam. Precisam do espaço da bondade e da graça do outro para processar as torpezas.

A bondade é um dos mais lindos aspectos do amor. No espaço aberto pelo amor, posso fazer contato com minha finitude e fragilidade, e diante da face amorosa do Todo-Poderoso, enxergar minha humanidade caída, limitada e, ao mesmo tempo, minha sublime vocação para ser amado e aceito incondicionalmente por Deus. A bondade do Deus Trino cria esse espaço para sermos nós mesmos. Somos amados em nossas maiores fraquezas, e assim podemos admiti-las e transformá-las. Defender e esconder as fraquezas são heranças do pecado original.

No casamento, precisamos desse espaço da bondade que acolhe o outro, que o encoraja bondosamente a ver o que não quer ver, a aceitar o que não quer aceitar. Deus é triúno, uma família, fonte e origem do amor, do vínculo e da intimidade. Ele não nos quer excluídos, sofrendo por ficar de fora. Temos um lugar em sua família, em sua mesa de banquete; ele nos livra da humilhação de comer migalhas do chão quando os convidados vão embora. Somos filhos amados e herdeiros.

A Trindade é uma eterna dança de três. Eles se olham de frente, circulam ao redor um do outro, harmonicamente, serenamente. O universo é uma dança infinita de estrelas, planetas e satélites. Há meteoros e meteoritos. Há morte, também, mas o equilíbrio permanece. Somos convidados pela Trindade para essa dança harmônica de três, eterna e infinita. Deus é o Deus da dança. Nas Escrituras, somos chamados a louvá-lo com tamborins e danças (Sl 150); Davi dança diante da arca (2Sm 6:15); Miriã dança depois da travessia do mar Vermelho (Êx 15:20); e o pai do pródigo faz uma festa com danças quando recupera o filho (Lc 15:11-24).

Quando conhecemos e somos conhecidos pela Trindade, então podemos tornar nossa luta em dança. Vivemos neste corpo, e uma briga começa inesperadamente: é bater onde dói, é derrubar, jogar no chão, imobilizar, usar de todos os meios para vencer. A luta quer resolver o conflito pela força, precisa de estratégias, estudar de longe, ver onde é o ponto fraco e golpear. Já a dança começa sempre com um convite, um acordo; é harmônica, lúdica. Somos um par, e desfrutamos à medida que acertamos nosso passo, olho no olho, e nos entregamos à música, que embala os corpos.

A vida do casal, tal como a dança, manifesta-se por meio de movimentos e repetições ritmadas, sempre análogas, mas nunca

A vida do casal, tal como a dança, manifesta-se por meio de movimentos e repetições ritmadas, sempre análogas, mas nunca idênticas.

idênticas. É um passo depois do outro, alguns menores, outros maiores; ora lentos, ora rápidos; às vezes tristes, outras vezes alegres; colados num momento, mal se tocando no seguinte. Equilíbrio, ritmo, cumplicidade e sincronia são fundamentais. São os movimentos cadenciados de dois corpos que circulam ao redor em um espaço delimitado.

A vida se torna, então, instrumento musical nas mãos do cônjuge. Afinados e no mesmo tom — ainda que com sons diferentes (por exemplo, piano e violino) —, tocamos aqui e ali pequenas sonatas, obras-primas, diante das quais nos surpreendemos em face da beleza incomum daquela melodia que surge da dança a dois. De vez em quando, desafinamos e não sai nada, mas retomamos e prosseguimos.

A família é esse lugar do afeto, de se olhar, de pertencer. Lugar da partilha, das conversas, lugar da alegria da festa, lugar de apreensão e dor na perda e no sofrimento. Choramos juntos e rimos juntos. É nela que se cumpre o desejo maior de amar e ser amado, incluído, nutrido, de ter espaço para falar e ouvir. Deus nos chama para sermos família:

- Parte da família divina: a Trindade.
- Parte da família de origem: pais, irmãos, avós, tios, primos.
- Parte da família nuclear: esposa e filhos.
- Parte da família da fé: a igreja.
- Parte da família humana.

A aventura humana é o caminho de conhecer meu lugar nessas famílias, relacionar-me com elas e desfrutar esses vínculos. Assim, somos corrigidos do desejo de ser o centro das atenções.

Nossos filhos Priscila e Jonathan nos ensinaram muito sobre intimidade e liberdade. Descobrimos que filhos precisam de ninho e asas. O aconchego, a intimidade, a proteção, mas também o desafio de descortinar novos horizontes. Ficaram conosco um bom tempo no ninho, e um dia partiram e voaram.

Celebração do sexo

Depois de ter criado o universo, os céus, as estrelas, a Terra, a fauna e a flora, Deus finalmente criou o homem e a mulher. Macho e fêmea os criou. Isso significa que nossa primeira identidade é sexual. Podemos nos encontrar, amar e relacionar afetiva e sexualmente.

A relação sexual é tão boa que não devemos reduzi-la a uma atividade meramente física ou biológica. É um erro pensar somente no aspecto fisiológico do sexo. Por ser assim, é restrita ao matrimônio (Gn 2:24), ou seja, necessita de uma relação exclusiva e permanente para alcançar sua plenitude. Quem viola esses desígnios divinos encontrará a curto, médio ou longo prazo, em vez de alegria e realização, uma fonte de frustração e insatisfação.

Constituir família é o projeto original de Deus, e o mundo continua sendo a única alternativa válida para um relacionamento profundo e gratificante. No casamento, a vida sexual pode ser desfrutada plenamente entre o homem e a mulher. E isso é bom.

Podemos dizer que a Bíblia afirma a existência de três dimensões na relação sexual. A primeira dimensão diz respeito à unidade (Gn 2:24), que possibilita a intimidade, a interação, a comunhão profunda, a comunicação intensa entre o homem e a mulher, que se entreolham de dentro e experimentam essa união vital. Nenhum outro relacionamento humano pode aproximar tanto dois seres.

A segunda dimensão é o prazer, o desfrutar das sensações agradáveis, a descoberta do eros prazeroso, a alegria do lúdico, do deleite dos sentidos (Gn 18:12; Pv 5:15-19; o livro de Cântico dos Cânticos). O orgasmo é uma experiência profunda de amor, desfrutado a partir de uma entrega baseada no afeto e na confiança mútua.

A terceira é a procriação, a experiência de sermos cooperadores de Deus na geração de filhos e na preservação da raça humana (Gn 1:28). Deus divide conosco sua honra de criador. A geração e criação de filhos no seio de uma família que se ama é uma experiência ímpar na aventura humana.

Vivemos em uma sociedade erotizada que nos leva a pensar que o sexo tem um fim em si e confunde liberdade sexual com promiscuidade. É uma situação parecida com a que Paulo enfrentou em Corinto no primeiro século (1Co 6:12-20). A relação sexual é muito mais que simplesmente transar, pois homem e mulher se tornam uma só carne. Isso nos leva ao mistério e à transcendência que existem na relação sexual (Ef 5:31-32).

Sem a perspectiva do amor, do compromisso, do respeito e da confiança, o sexo é banalizado, empobrecido, tornando-se o substituto do projeto real e verdadeiro de Deus, o único capaz de trazer real e verdadeira satisfação. Relações sexuais descompromissadas e sem a possibilidade de se olhar nos olhos de forma amorosa e transparente geralmente acabam em culpa, frustração, solidão e busca por novas situações e novos parceiros. Isso, em vez de crescimento, causa dano ao relacionamento.

Assim, podemos enxergar a ordem de Deus proibindo o sexo fora do casamento sob dois prismas: negativo, com uma conotação restritiva, como se fosse a negação do prazer; ou positivo, com a possibilidade de ser uma escolha livre pela castidade, como se fosse o cuidado daquele que nos criou seres sexuais e que sabe o que é melhor para nós.

Virgindade e castidade não são negações, mas afirmações, pois o jovem que espera o amor e que se resguarda em seu coração e seu corpo o faz por fidelidade e prioridade ao real e verdadeiro, ao que há de ser. Não se trata de recusar, mas de se reservar, esperar para entrar plenamente na festa, na alegria, no prazer e na celebração do sexo. A parábola das dez virgens (Mt 25:1-13) mostra que a necessidade de velar não se deu por acaso.

Virgindade e castidade não são negações, mas afirmações, pois o jovem que espera o amor e que se resguarda em seu coração e seu corpo o faz por fidelidade e prioridade ao real e verdadeiro, ao que há de ser.

A castidade é o fundamento para a construção de um relacionamento significativo no namoro. No devido momento, o matrimônio sela a união e abre as portas para a celebração plena do sexo. A fidelidade é o fundamento para a manutenção e o aprofundamento desse relacionamento significativo. É a garantia de que a celebração do sexo será cada vez melhor, mais gratificante, íntima e realizadora.

A relação sexual sem a perspectiva do mistério, da transcendência e da família torna o outro um objeto sexual. O verdadeiro e real prazer sexual se insere numa relação heterossexual, monogâmica, exclusiva, permanente e amorosa, conforme o projeto original de Deus.

Adultério e restauração

É DOLOROSO ESCREVER sobre adultério no meio cristão, mas esse é um assunto que interessa não somente ao casal cristão enredado na situação, mas também aos pastores e conselheiros. De repente, um "caso" é descoberto, e a ilusão de felicidade é completamente destruída. O casal decide, no entanto, "salvar o casamento", questionando se é possível restaurar a relação e voltar a ser feliz novamente. Pela graça de Deus, a resposta é "sim": o casamento vitimado pelo adultério pode ser restaurado.

Esses são princípios gerais, não um manual, que o Espírito de Deus pode usar para restaurar, reconciliar e renovar um casal que tenha passado por essa crise. São oito passos ou etapas:

Escolher

Quando o caso é descoberto, geralmente o casal se vê diante de três opções: a) terminar o casamento com separação e divórcio; b) manter o casamento, mas sem vínculo e alegria; ou c) trabalhar a crise de forma profunda e restaurar o relacionamento. Nesse momento, é importante que ambos escolham a terceira opção e busquem ajuda para a restauração individual e conjugal.

Encerrar o caso

O cônjuge em adultério deve se comprometer de forma absoluta com o encerramento completo do caso extraconjugal. Aqui não há lugar para "vamos ser apenas bons amigos". Esse compromisso envolve, inclusive, o fim da comunicação verbal ou escrita com o/a amante e, se necessário, mudança de trabalho ou cidade.

Qualquer tipo de ligação traz em si a semente para que o caso brote e floresça novamente, além de incapacitar o cônjuge traído de restaurar a confiança. Esse compromisso deve ser permeado por arrependimento sincero diante de Deus e um pedido verbal de perdão ao cônjuge.

Amargura e raiva

Amargura e raiva surgem com grande intensidade quando um cônjuge descobre a infidelidade do outro. A vítima foi afrontada em sua dignidade e está chocada: "Como você pôde fazer isso comigo?". Quando essas emoções são negadas, a pessoa assume posturas autodestrutivas e precisa de ajuda para canalizar adequadamente sua raiva. Permitir que a vítima acuse continuamente o infiel também é um erro.

O infiel precisa admitir a culpa, arrepender-se, encerrar o caso e pedir perdão para pôr fim ao processo. A vítima, por sua vez, ao descobrir o caso, inicia um processo longo e difícil. A parte infiel precisa saber disso, vendo na raiva e na amargura do cônjuge não só um pedido de socorro, como também uma oportunidade de revisar a própria vida e redirecionar valores.

Restauração da confiança

A parte infiel que deseja restaurar a relação permanecerá sob suspeita durante certo tempo. Há desconfiança, e é necessário aceitar o fato de que a vítima tende a suspeitar, algumas vezes agressivamente, de atrasos e ausências, precisando de informações claras e seguras que possam justificar a volta da confiança. Caso contrário, o nível de cobrança, desconfiança, agressividade e perseguição tende a se manter. A vítima nessa fase pode aprender a comunicar suas emoções e feridas verdadeiras, deixando de escondê-las atrás de ultimatos.

Ao lidar com a restauração da confiança, ambos precisam fazer um exercício de transparência, sabendo de antemão que esse é um processo — portanto, a mudança não acontece de forma mágica, de uma hora para outra. Nesse momento, a comunhão de oração pode ser restaurada.

SUPERAÇÃO DA CRISE

Há um momento delicado no qual é preciso conversar sobre o que aconteceu, esclarecendo a tremenda crise que ambos vivenciaram. É importante discernir quanto a vítima quer saber e por que: para entender e aprender ou para alimentar o sofrimento? Deve ser considerado também o objetivo da parte infiel: seu objetivo é um humilde exercício de confissão e transparência ou ofender e ferir?

A conversa deve focar essencialmente as responsabilidades de ambos para que o adultério acontecesse e as conseqüentes mudanças de atitude para que isso nunca mais aconteça. Sonhos, desejos, fantasias e carências devem ser compartilhados, não para cobrar, mas para que haja um reconhecimento mais profundo e, assim, poderem suprir um ao outro.

PERDÃO

Perdoar é um processo, não um evento isolado e instantâneo. Perdoar de maneira prematura e superficial resulta numa ferida que não cicatriza e volta a infeccionar, perpetuando a culpa, a raiva, a amargura e a incapacidade de restauração segundo o projeto de Deus.

O pedido de perdão deve ser claro, conectado com a ofensa, demonstrando uma atitude de arrependimento diante de Deus e convicção de mudança na dependência do Espírito Santo. A parte infiel pecou e, como ponto de partida, precisa de restauração diante de Deus, por isso se quebranta. Porém, pecou também contra seu cônjuge e precisa de confissão, reparação e perdão.

O pedido de perdão é uma atitude em vários níveis e se renova no período em que a vítima precisa digerir sua dor para, então, conceder o perdão. Nessa fase, é importante para o infiel saber que o processo de perdão pode passar por algumas recaídas, e para a vítima, que a escalada de novas e dolorosas descobertas não invalida o caminho já percorrido, mas aprofunda o processo de perdoar.

Projeto de vida pessoal

Toda crise oferece potencial e oportunidade para crescimento. A crise de um casamento vitimado pelo adultério pode levar à questão: "Qual é meu projeto de vida pessoal?". Esse é o momento para se perguntar sobre a própria identidade, a relação com Deus, o sentido da vida, a qualidade dos relacionamentos, os dons, as limitações, o potencial, a contribuição para o Reino de Deus na construção de um mundo mais justo, a capacidade de amar e ser amado. Um tempo oportuno para corrigir os rumos da vida como um todo, não só da relação matrimonial, cujo processo de restauração pode ser o limiar da restauração mais profunda e integral do ser.

Restauração da intimidade física

Nessa fase há necessidade de paciência, compreensão e muita ternura. De fato, a relação sexual envolve muita vulnerabilidade emocional e física, por isso pressupõe entrega mútua em confiança e amor para, de fato, ser gratificante e plena. A intimidade sexual não pode, portanto, ser usada como arma de vingança ou de humilhação por um casal não resolvido.

Para alguns casais, o sexo é ponto de partida importante na restauração do casamento vitimado pelo adultério; para outros, será o último aspecto a ser resolvido. De qualquer forma, casais atingidos pelo adultério geralmente não tiveram uma vida sexual plenamente realizadora para ambos. Surge, então, a possibilidade de se trabalhar esse aspecto importante da vida conjugal, buscando a restauração completa da intimidade física com contato satisfatório e prazeroso para ambos.

Essas oito fases não estão necessariamente em ordem cronológica. Alguns passarão mais rápido por algumas e se demorarão mais em outras. Pode haver recaídas, mas vale a pena prosseguir, na dependência do Espírito, em busca da cura e da restauração do vínculo conjugal.

> *Vale a pena prosseguir, na dependência do Espírito, em busca da cura e da restauração do vínculo conjugal.*

Podemos afirmar que, pela graça de Deus, um casal enredado no adultério pode ter sua relação completamente restaurada por meio do maravilhoso processo de cura pelo perdão de Deus e perdão mútuo, atingindo níveis de comunhão antes não experimentados.

Muito melhor, porém, é o casamento que se desenvolve na perspectiva da santidade, da fidelidade e da ternura, que desfruta da comunhão madura sem ter passado pela dor e pela vergonha do adultério, nem pelo longo e difícil processo de restauração.

Mitos sobre a família cristã

VIVEMOS UM MOMENTO de grande preocupação com a família. Por um lado, o mundo secular a questiona como instituição. Por outro, nós, evangélicos, desenvolvemos uma teologia que leva em consideração somente o aspecto patológico da família, pois a considera um problema ou um sistema deficiente e carente de soluções para que funcione bem.

> *Nós, evangélicos, desenvolvemos uma teologia que leva em consideração somente o aspecto patológico da família, pois a considera um problema ou um sistema deficiente e carente de soluções para que funcione bem.*

Algumas afirmações comuns em nossos púlpitos e livros carecem de um questionamento à luz da Palavra de Deus. São mitos incorporados à compreensão e à *práxis* da estrutura familiar.

Vamos analisar quatro deles, difundidos por essa teologia do problema, que desconsidera a família como mistério, promessa, dom e esperança.

O MITO DA FAMÍLIA CRISTÃ SEM FALHAS

Esse mito tem sua origem na teologia perfeccionista da vida vitoriosa. A expectativa de uma vida sem falhas tem dois destinos previsíveis: a hipocrisia que camufla e disfarça o erro ou o desespero e a frustração da impossibilidade de viver na obediência dos mandamentos de um Deus legalista. Biografias cristãs que não mostram o lado sombrio do homem e manuais de felicidade completa contrastam com o relato bíblico sobre os homens que Deus usou na história.

Um casal que incorpora tal mito se vê em uma camisa de força, sem liberdade e com seu processo de crescimento pessoal e familiar obstruído. Claro, ninguém pode crescer sob a exigência da lei. Ao contrário, é a bondade de Deus (Rm 2:4) que nos leva à mudança, ao crescimento e à maturidade.

Ser uma família sem falhas ou uma família extraordinária é um fardo difícil de suportar. Filhos de pastores sabem disso muito bem. Basta, portanto, ser uma família comum, humana na celebração de seu lado luminoso e na aceitação de seu lado sombrio — família que reflete a graça, o perdão e a compreensão, e não a lei, a exigência ou a cobrança.

O mito do bom manual que produz uma família feliz

A origem desse mito está na psicologia behaviorista, introduzida por Pavlov, posteriormente desenvolvida por Skinner e Watson. A crença de que o ser humano é o computador, cujo *software* pode ser modificado ao se pressionar algumas teclas, ainda é defendida nos meios evangélicos. Chega-se a dizer que a criança é uma folha em branco, na qual os adultos gravam o que querem.

Na verdade, reflexos condicionados são bons para cães, e manuais, bons para máquinas funcionarem a contento.

É um mito se basear em dicas, princípios e "como fazer você mesmo" ou "as dez lições para ser feliz", que pressupõem que um casal seja uma máquina, tendendo a funcionar melhor se as regras do manual foram obedecidas.

O ser humano, criado à imagem e semelhança de Deus, é bem mais complexo que um cão ou um computador.

Tomemos a questão da intimidade como exemplo para compreender melhor tais afirmações. A intimidade, a comunhão, o vínculo e o encontro entre dois seres humanos não pode ser produzido pelo esforço ou pela observação de regras. Ao se elaborar um plano ou projeto para ser íntimo de alguém e se esforçar para isso, a falta de naturalidade produzirá formalidade e distância, pois o movimento será de fora para dentro. A intimidade, entretanto, nasce e floresce de atitude interior.

O casal que incorpora tal mito torna-se grande consumidor de manuais. Depois de algum tempo, torna-se cético, ou um casal-modelo, condicionado e sem intimidade. No primeiro caso, deixa de crescer, pois já tentou tudo. Por isso, acaba se conformando. No segundo, o crescimento cessa porque os dois só conseguem se comunicar por meio de jargões empobrecedores.

É lastimável que os livros evangélicos sobre vida sexual levem em consideração somente os aspectos do problema e do funcionamento. Cântico dos Cânticos, o livro da Bíblia que revela a profundidade do amor erótico entre o homem e a mulher, apresenta uma linguagem voltada para o mistério, a metáfora, a poesia.

O mito do pai que manda e trabalha

O princípio e o chamado bíblico para que o homem seja a autoridade e o provedor da família geralmente é distorcido. O resultado disso é o mito do pai autoritário, dominador e viciado em trabalho, transferindo sua prioridade para fora de casa. Esse mito origina-se nos aspectos machistas e consumistas da sociedade atual.

Homens que vivem esse mito substituem as demonstrações de afeto e ternura por conforto para a esposa e presentes para os filhos. O trabalho, a carreira, as prolongadas ausências de casa adiam a decisão de uma vida séria com Deus, o desfrutar da família e o cuidado com a saúde.

Um marido e pai estressado comunica três coisas à sua família: primeiro, que aquilo que ele faz fora de casa é mais importante;

segundo, que ele está doente, viciado em trabalho; e terceiro, que emoções lúdicas e expressões de afeto e ternura são supérfluas.

É claro que uma família não pode ser saudável com um marido e pai ausente, incapacitado de priorizar a família e expressar carinho. O chamado bíblico para o homem inclui um líder que serve e um provedor que ama.

O MITO DA MÃE PASSIVA

Trata-se de uma distorção do princípio bíblico da submissão que geralmente é aceito ou rejeitado por completo. Isso significa, por um lado, termos uma mulher passiva e acomodada, e por outro, uma mulher rebelde e inquieta.

O mito da mãe passiva tem dupla origem. Primeiro, a pressão discriminatória que a mulher sofre na família e na sociedade. Segundo, a dependência da mulher que prefere se acomodar à sombra dos pais ou do marido, em vez de assumir a responsabilidade do próprio crescimento como pessoa. É muito comum ver mulheres que, depois de educar os filhos e, portanto, com mais tempo para si, entram em crise, pois se sentem inseguras para reformular o projeto de vida pessoal.

É verdade que a missão de esposa e mãe é prioritária; porém, a mulher é responsável por desenvolver seu potencial intelectual, sua maturidade emocional e a utilização de seus dons e talentos tanto na igreja quanto no mundo, vivendo como companheira de seu marido, não sob sua tutela.

Assim como há um chamado para a mulher "liberada" discernir tempo e prioridades no lar, também há uma vocação para o homem "machista" incentivar sua esposa a descortinar novos horizontes.

O amor *ágape* não é possessivo, tampouco passivo. Onde há amor verdadeiro, há liberdade e iniciativa.

A propósito da submissão

Podemos, sem dúvida, concluir que as Escrituras ensinam o seguinte: no contexto da família, o homem é o líder e a mulher deve se submeter a essa autoridade constituída por Deus (Ef 5:22-24). No entanto, muitas vezes o princípio da submissão da mulher a seu marido é compreendido de forma errônea.

Em um país de cultura machista, como é o caso do Brasil, algumas distorções podem acontecer: a) a apropriação masculina de tal princípio para o exercício do autoritarismo; b) a passividade da mulher que vive em total e completa dependência do marido, frustrando seu crescimento pessoal; c) a rebelião e a não-aceitação desse princípio por parte da mulher que se sente oprimida.

Assim, o princípio da submissão da mulher continua sendo enfatizado em pregações, cursos, retiros e livros. Seria essa a grande mensagem do homem para a mulher? A ética cristã para a família não se resume à submissão da mulher e à obediência dos filhos? Quando olhamos apenas sob esse ângulo, pervertemos o projeto original de Deus para a família.

É claro que, a partir desta simplificação — mulheres submissas e filhos obedientes aos pais (Ef 6:1-4) —, torna-se muito mais fácil detectar o pecado das esposas e dos filhos. Nossa teologia será muito mais consistente se também tivermos uma clara visão do chamado e da responsabilidade do marido e dos pais, pois pouco se fala no pecado de abuso de poder dos homens.

Vejamos, então, qual seria o recado da Palavra de Deus aos homens a propósito do exercício da autoridade e da submissão da mulher.

A AUTORIDADE É DAQUELE QUE SERVE

Conhecemos a passagem: Marcos 10:35-45. Nela, Tiago e João se dirigem a Jesus e lhe pedem posições de poder na instalação do Reino: "Permite que, na tua glória, nos assentemos um à tua direita e o outro à tua esquerda". Os discípulos já haviam discutido a respeito de quem seria o maior (Mc 9:33-37), e o primeiro resultado da luta pelo poder é indignação (Mc 10:41).

A partir desse conflito, em que a luta pelo poder rompe a comunhão e se transforma em competição, Jesus define sua visão de liderança. Ele diz que o exercício da autoridade não é despótico, um poder absoluto, nem autoritário e arbitrário. Jesus Cristo afirma que aquele que está em posição de autoridade deve se considerar o último (Mc 9:35), e servo de todos (Mc 10:44).

Em seguida, ilustra o que diz a partir da realidade e do exemplo da própria vida: "Pois nem mesmo o Filho do homem veio para ser servido, mas para servir e dar a sua vida em resgate por muitos" (Mc 10:45). No contexto familiar, a autoridade bíblica diz respeito a maridos que se dedicam e servem a suas esposas, não se aproveitam da posição de autoridade.

A AUTORIDADE É DAQUELE QUE ABRE MÃO DE SEUS DIREITOS E PRIVILÉGIOS

Lemos em Filipenses 2:5-11 que Jesus Cristo,

> ... embora sendo Deus, não considerou que o ser igual a Deus era algo a que devia apegar-se; mas esvaziou-se a si mesmo, vindo a ser servo, tornando-se semelhante aos homens. E, sendo encon-

> trado em forma humana, humilhou-se a si mesmo e foi obediente até a morte, e morte de cruz!

Esse é o paradoxo do Senhor do universo crucificado, do ferido que cura, do Rei que serve. Para a mente grega, o esvaziamento, o abrir mão de direitos e privilégios é loucura. Para os judeus, tal humilhação e desinteresse pelo poder é um escândalo.

Para nós, os que cremos, a fraqueza de Cristo na cruz é a chave para a compreensão dos mistérios do Reino. Por outro lado, a liderança autoritária, coercitiva e ditatorial é o modelo do anticristo. Na visão divina, quem está em posição de autoridade deve se considerar o último, e o maior deve ser servo.

A AUTORIDADE ABRE MÃO DO USO DA FORÇA

Em 1Pedro 3:7 lemos: "Do mesmo modo vocês, maridos, sejam sábios no convívio com suas mulheres e tratem-nas com honra, como parte mais frágil e co-herdeiras do dom da graça da vida, de forma que não sejam interrompidas as suas orações".

O homem verdadeiramente cristão não abusa da força física, mas trata a família com dignidade. A mulher, revestida de honra e dignidade pelo marido, encontra real significado na relação e responde espontaneamente em submissão.

O texto fala da vida em comum com discernimento. O que os maridos devem discernir? No mundo animal, o fisicamente mais forte lidera, não o que transforma a fragilidade feminina em inferioridade. No entanto, "mediante a fé em Cristo Jesus", não há "homem nem mulher; pois todos são um em Cristo Jesus" (Gl 3:26-29), somos co-herdeiros da mesma graça.

A partir desse discernimento, o homem toma uma decisão contra o mundo animal e a opinião pública: somos iguais, somos herdeiros da mesma promessa. Os direitos não servem apenas ao mais forte ou ao chefe. Portanto, o homem verdadeiramente cristão não abusa da força física, mas trata a família com dignidade. A mulher, revestida de honra e dignidade pelo marido, encontra real significado na relação e responde espontaneamente em submissão.

Homens que amam

A FAMÍLIA CRISTÃ também é humana; portanto, está sujeita a desencontros e crises tanto pessoais quanto relacionais. Cristão nascidos de novo não vivem emocionalmente bem 24 horas por dia, sete dias por semana. O fato de sermos cristãos não nos capacita a agir de maneira perfeita o tempo todo.

Trata-se de uma família comum, humana, capaz de celebrar, afirmar e nutrir o que tem de bom, aceitar, perdoar, ser paciente com as ambigüidades e ambivalências. Família que reflete a graça de Deus, na qual a exigência da perfeição, com seu legalismo acusador e cobrador, dê lugar ao amor paciente e benigno, ao perdão restaurador e terapêutico.

São muitos os homens cuja fidelidade e dedicação a Deus são dignos de admiração e reconhecimento. No entanto, o trabalho e a luta para manter o padrão socioeconômico e a busca por realização profissional tornam-se motor da vida. O resultado é que a família fica em segundo plano, desprovida de amor e carinho. A esposa e os filhos sofrem não somente com prolongadas ausências, como também pela pobreza nas demonstrações de afeto e ternura.

Vivemos no ativismo secular e religioso, tornando-nos maridos cansados e calados para as esposas, pais ausentes e indisponíveis para os filhos. Famílias que sofrem sem contexto para se abrir escondem suas frustrações sob máscaras de desempenho secular e religioso.

Isso está acontecendo com muitas famílias evangélicas. É chegado o tempo de perceber que vivemos uma profunda contradição que toca o fundamento sobre o qual o edifício da teologia e da prática cristã está construído: o chamado e o mandamento do amor.

Precisamos ter coragem de reconhecer que temos relegado as famílias ao segundo plano. Arrependimento é a desconstrução dessa maneira irreal de viver e o compromisso de buscar o amor, a intimidade, o afeto e o vínculo, restaurando de forma saudável a relação entre homem e mulher, pais e filhos.

Um modelo saudável de família cristã não é o de uma família perfeita, mas da que trilha o caminho do crescimento e da restauração. Uma família cristã não é aquela sem feridas e conflitos, mas que vive em processo contínuo de cura e restauração por meio daquele que levou sobre si nossas enfermidades (inclusive as emocionais e afetivas), nossos pecados e nossas culpas.

O verdadeiro homem de Deus é manso e afetivo. Olha com amor para as próprias fragilidades e os próprios erros, de forma que também apresenta um espírito perdoador e paciente.

Amar a família é o chamado fundamental para os homens. Afinal, é a partir desses vínculos mais próximos que podemos crescer no exercício do amor maduro, sem o qual toda nossa vida é como o bronze que soa, e todo o sucesso público, como o címbalo que retine. De fato, quando se vive o evangelho, os principais beneficiários são os próximos mais próximos, de forma que nosso currículo cristão torna-se evidente na alegria e na paz estampadas nos rostos de esposas e filhos.

Somos chamados a praticar aquilo que cremos, começando dentro dos lares. Amar significa celebrar aquilo que há de bom e olhar com misericórdia para o que está errado. Quantas vezes deixamos de reconhecer, elogiar, afirmar os acertos, tomados que somos por ressentimentos expressados em cobranças e ameaças? Nós somos especialistas no que está errado, o que nos torna muito mais instrumentos da lei do que da graça para nossas famílias.

O verdadeiro homem de Deus é manso e afetivo. Olha com amor para as próprias fragilidades e os próprios erros, de forma que também apresenta um espírito perdoador e paciente em relação às fragilidades e aos erros da esposa e dos filhos. Em Romanos 2:4 lemos que é a bondade do Senhor que nos conduz ao arrependimento (no original, a palavra é *metanóia*, que significa "mudança da mente" ou "transformação"). De fato, ninguém pode mudar debaixo das exigências da lei; cada pessoa precisa de um espaço de graça e compreensão para crescer.

Sabemos que existem conflitos e crises no relacionamento familiar. Mas, ao mesmo tempo que eles ameaçam a comunhão e a estabilidade do lar, também podem ser ocasião e oportunidade para a prática do diálogo e do perdão. Os conflitos, as crises e os desencontros, longe de serem motivos para derrota e desistência, devem ser considerados portas que se abrem para consolidar o vínculo, aprofundar a intimidade, permitindo-nos experimentar a graça de Deus que vence o mal com o bem.

Dessa forma, conduzidos pelo Espírito Santo e inspirados na vida de Jesus de Nazaré, podemos amadurecer como seres humanos na difícil arte de amar, aprendendo a renunciar e ceder, crescendo na capacidade de perdoar e ser perdoados. Esposas e filhos serão os primeiros a perceber e sentir o bom perfume do amor exalado por nossas vidas transformadas pelo Senhor.

PARTE 4

CORPO
Meditações sobre a Igreja

A Trindade e a Igreja

O QUE FALAR DA IGREJA neste tempo de tanta confusão quanto a sua identidade? Poderíamos começar dizendo que o Corpo de Cristo é um corpo espiritual, o lugar de um pentecostes contínuo. O Espírito de Deus habita no coração dos discípulos e se derrama continuamente sobre a comunidade daqueles que crêem e obedecem ao Senhor Jesus Cristo. Deus visita a Igreja de Cristo na pessoa do Espírito.

Experimentamos na igreja a realidade da misteriosa presença trinitária. O Senhor ressuscitado sobe aos céus e intercede por nós à direita do Pai para que a presença do Espírito alente e santifique a Igreja. À medida que nos aproximamos de Deus em contrição, e uns dos outros fraternalmente, participamos dessa dimensão de vida trinitária, em que um é para o outro em amor. Inspirados pelo Espírito, entramos na comunhão do Pai por meio de Cristo.

Somos, portanto, incluídos na experiência da Trindade. O Pai é o Deus invisível, inacessível e está além de nossa capacidade humana de conhecer. Ele, no entanto, revela-se por intermédio do Filho, o Deus encarnado que vem ao nosso encontro para nos salvar da condenação do pecado. O Espírito Santo, Espírito do Pai e do Filho, desce sobre nós e nos capacita a chamar Deus de "Aba", Pai, palavra cheia de ternura e de intimidade.

Participar da Igreja é, portanto, participar da Trindade. É ser chamado a viver um aprendizado continuo de amar o diferente, uma aproximação do outro, do que é diverso, para com ele experimentar unidade e intimidade. Assim orou Jesus Cristo: "Não ficarei mais no mundo, mas eles ainda estão no mundo, e eu vou para ti. Pai santo, protege-os em teu nome, o nome que me deste, para que sejam um, assim como somos um" (Jo 17:11).

Na igreja descobrimos que somos um com Deus e com os outros. Toda a Lei de Deus se cumpre no relacionamento, nos vínculos de afeto e intimidade entre nós, Deus e os irmãos em Cristo. Essa unidade que experimentamos com a Trindade e uns com os outros não é fusionista; não nos torna indistintos, pelo contrário — quanto mais próximos e unidos, mais podemos ser quem somos. Este é o teste sublime da unidade no casamento: quanto mais somos um, mais cada um tem espaço e liberdade para ser quem é, real e autêntico.

Que a Trindade nos ensine a ser Igreja, que ama de forma inclusiva, respeitando as diferenças e a singularidade.

Assim, só penetramos na verdadeira identidade quando temos consciência de que não estamos sós e separados. O mistério do amor nos leva a uma proximidade ambivalente: o outro é infinitamente próximo e distante. Alguém com quem se desfruta intimidade, mas que não se pode controlar.

Os discípulos de Jesus são reconhecidos pelo amor (Jo 13:35) e pela qualidade dos vínculos que possuem uns com os outros. Ao entrar em comunhão com o Pai na solitude da vida devocional, é possível encontrar a fonte, a origem de toda comunhão. Resta caminhar em direção ao outro para juntos se incentivarem na fé, na esperança e no amor. Assim, tornam-se disponíveis e vulneráveis para ser instrumentos nas mãos do Senhor na construção de um mundo melhor, com mais justiça e paz.

Vivemos uma época de empreendimentos evangélicos grandiosos tanto na mídia quanto na política, gerando notória visibilidade para as grandes igrejas em todos os níveis socioeconômicos. Somos gratos a Deus por essa vitalidade e esse expressivo crescimento numérico. No entanto, oremos para que o Senhor nos ajude a não perder o foco, tornando-nos uma instituição voltada para as próprias necessidades institucionais e caindo na tentação de uma desenfreada busca por poder em detrimento da busca pelo amor.

Que a Trindade nos ensine a ser Igreja, que ama de forma inclusiva, respeitando as diferenças e a singularidade, enfatizando principalmente a comunhão fraterna e o serviço desinteressado.

Missão integral

Muitas vezes, usamos a expressão "salvar almas". Trata-se de um equívoco, pois as Escrituras afirmam que "gememos interiormente, esperando ansiosamente nossa adoção como filhos, a redenção do nosso corpo" (Rm 8:23). A vida eterna será vivida num corpo ressuscitado. O corpo é tão importante que até Deus se esvaziou e assumiu a forma humana em Cristo Jesus (Fp 2:6-7).

As boas obras que Deus espera que pratiquemos dizem respeito a nosso envolvimento com a humanidade, ouvindo o clamor dos que sofrem para irmos ao encontro deles, levando-lhes alívio e esperança.

Deus criou o homem com tríplice natureza: espírito, alma (mente) e corpo, que se conjuminam e formam unidade. Tanto para a tradição hebraica quanto para a cristã, esses três aspectos da natureza humana são absolutamente inseparáveis e interligados. No entanto, quando o homem e a mulher pecaram no jardim do Éden, perderam a saúde espiritual, mental e física e transmitiram sua patologia a seus descendentes, a humanidade. Jesus Cristo, no início de seu ministério, define sua missão:

> O Espírito do Senhor está sobre mim, porque ele me ungiu para pregar boas novas aos pobres [os destituídos de condições mínimas de subsistência]. Ele me enviou para proclamar liberdade aos presos e recuperação da vista aos cegos [acometidos de enfermidades

> físicas], para libertar os oprimidos [as vítimas de sistemas injustos e opressores].
>
> Lucas 4:18

Portanto, ele veio para evangelizar, libertar e curar, ministrando ao homem todo, em suas dimensões espiritual, mental e física. Em Mateus 4:23-24 lemos:

> Jesus foi por toda a Galiléia, ensinando nas sinagogas deles [ele não só pregava o evangelho como também o ensinava, isto é, expunha e explicava a Palavra], pregando as boas novas do Reino e curando todas as enfermidades e doenças entre o povo. Notícias sobre ele se espalharam por toda a Síria, e o povo lhe trouxe todos os que estavam padecendo vários males e tormentos: endemoninhados [vítimas de possessão — patologia espiritual], epiléticos [doentes mentais — patologia psíquica] e paralíticos [acometidos de enfermidades — patologia física]; e ele os curou.

Além disso, Jesus Cristo multiplicou pães para atender os famintos. Seu ministério envolve a biologia, o psiquismo e o espírito humano. Essa é a missão integral, pois se articula nesses três níveis, indo ao encontro das necessidades humanas, levando salvação, alívio, libertação e cura por meio do evangelho.

Outro lado dessa questão é a afirmação das Escrituras de que a fé sem obras é morta (Tg 2:26). Somos chamados por Cristo a crescer na vida espiritual, nas disciplinas da oração e da leitura bíblica, envolvendo-nos com a missão dele e praticando boas obras de justiça. As boas obras que Deus espera que pratiquemos dizem respeito a nosso envolvimento com a humanidade, ouvindo o clamor daqueles que sofrem para irmos ao encontro deles, levando-lhes alívio e esperança.

Assim, por meio de ações humanitárias, que promovem o desenvolvimento e buscam justiça e dignidade, minoramos seu sofrimento. Em todas essas circunstâncias, anunciamos o arrependimento e a fé em Cristo para a salvação eterna.

A Igreja é chamada a proclamar o evangelho a todo homem e ao homem todo, em todo lugar, espalhando as boas novas da salvação. Em nosso país, a Igreja certamente tem um papel fundamental como instrumento de transformação, desenvolvimento e justiça, por meio de uma evangelização acompanhada de ações sociais, educacionais e de cidadania, restaurando o homem brasileiro em todas as suas dimensões.

Jesus Cristo veio para reverter os efeitos da queda. Ele fez isso ao se encarnar, morrer na cruz e ressuscitar. Assim, não se trata apenas de salvar almas, mas de salvar homens e mulheres em sua completude. A missão integral de Cristo é resgatar o homem todo, e ele a confiou à Igreja... a nós.

A Igreja, a Bíblia e o mundo

CONVIDO VOCÊ A ANALISAR comigo a identidade bíblica da Igreja de Jesus Cristo e, com isso, questionar nosso modo de viver.

A Igreja é a comunhão daqueles que se arrependem e confiam no perdão e no amor do Deus Salvador. Daqueles que recebem a Palavra que afirma que Deus Pai conferiu ao Filho, Jesus Cristo, a honra, a força, o poder, o domínio e a glória. A Igreja é portadora dessa mensagem que estabelece Jesus Cristo como Senhor, diante de quem todo joelho se dobrará. Para revelar esse senhorio aos homens, ela precisa viver segundo o coração de Deus, submetendo-se a ele, e seus membros, uns aos outros. Será que quando o mundo olha para nós vê um sinal do senhorio de Cristo entre os homens?

A Igreja é o Corpo de Cristo, a presença de Cristo na terra. No Advento, ele chega para viver *entre nós*; e no Pentecostes, para viver *em nós*. Uma presença santa e divina se mistura à humanidade pecadora. Como se estivesse em seu templo, o Senhor da glória habita em nós. Somos convidados a caminhar com ele, estendendo nossas mãos aos famintos, sedentos, encarcerados, doentes e enlutados. Será que quando o mundo olha para nós vê um sinal da presença de Deus neste planeta?

A Igreja do Senhor é portadora da mensagem de Deus, que amou o mundo de tal maneira que veio pessoalmente nos acolher, abraçar. É a comunidade de amor que tem um só coração e uma só alma, que espelha no mundo o mistério da diversidade e da unidade da Trindade. Assim, não somente pela qualidade de nossos relacionamentos entre nós, mas também pela capacidade de amar os inimigos, seremos conhecidos como discípulos de Cristo. Será que quando o mundo olha para nós vê um sinal do amor de Deus por todos os seres humanos?

A Igreja de Cristo é uma família na qual irmãos e irmãs vivem em sujeição e obediência ao Pai celestial. Uma família que tem apenas um Senhor e chefe, Jesus Cristo, por isso ninguém procura dominar ou controlar o outro; pelo contrário, cada um humildemente considera o outro superior. A Igreja é uma família de famílias. Cada um abriu mão do amor ao poder para se entregar ao poder do amor; para servir, em vez de controlar. Será que quando o mundo olha para nós vê um sinal de humildade e solidariedade?

As Escrituras são o espelho diante do qual a Igreja deve ver seu rosto verdadeiro.

Nesta Igreja não há mais escravo ou homem livre, judeu ou gentio, homem ou mulher porque todos são um em Cristo. Será que quando o mundo olha para nós vê uma comunidade inclusiva, livre de preconceitos e discriminações?

Igreja que é santa, mas composta de membros pecadores. Santa à medida que se reconhece pecadora. Salva, a partir do momento que se considera perdida, pois o Filho do Homem não veio salvar o justo, mas o pecador; não veio para o são, mas para o doente. Igreja que ora é noiva, ora é prostituta. Ela se prostitui ao fazer aliança com o dinheiro, o poder, o orgulho, e quando explora a boa-fé do povo.

Porém, é noiva — ou virgem pura, como disse Paulo — pela ternura de Cristo por intermédio da presença santificadora do Espírito Santo. Somente uma Igreja que se reconhece pecadora e se quebranta diante de Deus pode ser resgatada e restaurada por ele. Será que quando o mundo nos olha para nós vê sinais de quebrantamento e santificação?

As Escrituras são o espelho diante do qual a Igreja deve ver seu rosto verdadeiro. A cada encontro em que abrimos a Palavra, a cada estudo bíblico, a cada pregação, Deus estende esse espelho e nos pergunta se somos sinal do divino neste mundo caótico. Um sinal do senhorio de Cristo, da presença de Deus, do amor da Trindade, um sinal de humildade e solidariedade, de santidade, um sinal de quebrantamento.

A Igreja, ao longo da história, guardou viva sua relação com a Palavra. Ela sempre foi bíblica — esta é sua graça. No entanto, nem sempre foi suficientemente bíblica — esta é sua falta. Porém, deve ser a cada dia mais bíblica — este é seu desafio. Cada vez que abrimos as Escrituras, e nosso coração a elas na presença do Espírito, a Igreja tem a chance de se tornar mais bíblica, mais conformada à imagem daquele que nos criou e salvou. Que o mundo possa ver nossas obras e glorificar a Deus, que está no céu.

Pequenas e grandes igrejas

SOMOS GRATOS A DEUS pela vitalidade da Igreja brasileira e pelo surgimento de igrejas com membresia expressiva. Hoje, em grandes centros urbanos, é comum encontrarmos igrejas com mil, dois mil participantes no culto. Não são poucas, também, as megaigrejas com seus templos imensos, que comportam mais de três mil fiéis.

No entanto, a grande maioria das igrejas espalhadas pela nação são congregações com cinqüenta, cem, duzentos membros. São grupos que se reúnem em casas, apartamentos, hotéis, escolas, prédios improvisados e pequenos templos. Estão em toda parte, na região nobre, na favela, no centro, na periferia, no campo, no litoral, no interior, em pequenas, médias e grandes cidades. Presentes em todo o Brasil, são anônimas, simples, sem aparelhos multimídia, sem convertidos famosos, não estão em evidência e seus pastores são desconhecidos.

Cumprem, no entanto, um papel fundamental na transformação deste país. Chefes de família se convertem, deixam de beber, tornam-se maridos e pais responsáveis e trabalhadores. Seus filhos vão à escola, suas esposas se envolvem no trabalho da igreja. Assim, milhares de brasileiros saem do círculo de pobreza e ignorância, ascendem na escala social, tornando-se cidadãos do reino, além de se conscientizarem de seus direitos e obrigações como cidadãos brasileiros.

Tornou-se comum a idéia de que Deus só age no grande ajuntamento, e de que avivamento significa conversão em massa. Por isso, muitas dessas igrejas passaram a sofrer de um tipo de complexo de inferioridade. Face ao acelerado crescimento de algumas igrejas neopentecostais, seus pastores e membros se sentem constrangidos pelo pequeno número de conversões, perguntando-se: "Por que será que não crescemos?". Ficam frustrados porque fazem campanhas, trazem pregadores, oram e a igreja caminha lentamente.

Temos dificuldade de perceber a presença de Deus no pequeno ajuntamento. Jesus Cristo, no entanto, afirma: "Pois onde se reunirem dois ou três em meu nome, ali eu estou no meio deles" (Mt 18:20). Não importa, portanto, o número, pois quando o buscamos em Espírito e verdade, ele se manifesta a nós. Não só na euforia da multidão da megaigreja nem só nos louvores dirigidos por profissionais e coreografados por bailarinos, mas também no culto, em que poucas vozes louvam a Deus e a Palavra é anunciada; na pequena reunião, quando orações singelas sobem como incenso diante do altar de Deus.

A igreja não é uma empresa que precisa apresentar resultados a seus acionistas para continuar no mercado.

Olhando para Jesus Cristo aprendemos que o verdadeiro ministério pastoral é relacional e prega a partir do exemplo de vida. Implica olhar nos olhos, e não contar cabeças; compartilhar os mistérios de Deus, e não gerenciar projetos ministeriais.

A igreja não é uma empresa que precisa apresentar resultados a seus acionistas para continuar no mercado. É um posto avançado do reino de Deus ensinando que a única maneira de responder ao grande amor que recebemos é através de uma entrega incondicional e sacrificial; um contexto para ler e viver a Palavra na força do Espírito Santo.

A igreja é o lugar onde somos acolhidos e podemos abrir nossos corações com súplicas e ações de graça, compartilhando alegrias e tristezas. É espaço para o conflito que se resolve sob a ótica do perdão e da reconciliação. Onde homens, mulheres, jovens, idosos e crianças se relacionam, se abraçam, cantam, riem e choram juntos.

Na igreja as pessoas são desafiadas e estimuladas a se envolver na missão, a crescer e amadurecer em todas as áreas da vida. É lá que os dons e as vocações de serviço ao próximo florescem e surge o desejo de repartir as bênçãos com aqueles que nada têm. É isso o que está acontecendo na maioria dessas pequenas igrejas.

Graças a Deus pelas grandes igrejas e pela força de seu testemunho. Porém, olhemos com carinho e respeito para as dezenas de milhares de pequenas igrejas e o papel fundamental que cumprem na transformação e na edificação dos crentes e na evangelização deste país.

Olhemos para tantos pastores anônimos, obreiros desconhecidos, missionários em áreas remotas que realizam seu trabalho com simplicidade e sacrifício, sem *glamour*, sem reconhecimento humano. São verdadeiros heróis da fé que, naquele dia glorioso, receberão a imarcescível coroa da glória. Não há nada de errado com as igrejas pequenas quando, em vez de avaliar o tamanho, olhamos para a qualidade da devoção, da fidelidade, da santidade, do serviço e do amor fraternal.

Aflição e esperança

A HISTÓRIA DA IGREJA pode ser analisada sob dois ângulos. Por um lado, a Igreja da visibilidade, da conquista, do poder temporal, dos concílios, dos papas e príncipes. Por outro, a Igreja da periferia, onde militam santos, profetas e mártires.

Desde o princípio, o mover de Deus estava entre o povo simples da Galiléia, e não no centro do poder religioso em Jerusalém. Mais tarde, estava em regiões remotas, entre os Pais do Deserto, e não nos templos e palácios de Constantino.

Desde o princípio, o mover de Deus estava entre o povo simples da Galiléia, e não no centro do poder religioso em Jerusalém [...] entre os Pais do Deserto, e não nos templos e palácios de Constantino.

Assim segue o mover de Deus ao longo da história: em Assis e Wittemberg, não em Roma. Durante a Segunda Guerra Mundial, o testemunho cristão está no cárcere com Dietrich Bonhoeffer, e não entre os pastores adesistas do nazismo.

Vemos hoje uma igreja numerosa, com visibilidade na mídia, cortejando o poder político e envolvida numa gigantesca teia de negócios financeiros. Outro dia, ouvi a seguinte conversa numa mesa de restaurante:

> Temos vinte milhões para investir nesse novo projeto. Já alugamos o local, só precisa de uma boa reforma. Vamos dotá-lo de todos os recursos: poltronas confortáveis, salas funcionais, ar-

condicionado, multimídia e estacionamento. Vamos enviar o pastor Fulano de Tal para lá. Ele é jovem, ambicioso, persuasivo e já demonstrou a que veio.

O louvor, vamos terceirizar. Já falei com a banda Sicrana, que topa tocar por três mil reais. A gente não tem de se preocupar com nada, nem com o equipamento de som, pois eles fornecem. Com o apoio de nosso programa de rádio, minha previsão é de que em seis meses já pagamos o investimento e estamos faturando.

Confesso minha aflição ao olhar para os descaminhos da igreja, mas também reafirmo minha esperança ao olhar para os santos e profetas que militam na contramão da igreja de mercado.

São exilados na história oficial, anônimos; gente simples e comum, vivendo a fé cristã com santidade e compromisso, espalhada por todos os cantos do Brasil. Os verdadeiros cristãos estão escondidos, não há espaço para eles na igreja do *marketing* e do desempenho. Não aparecem na mídia evangélica, não são convidados para as grandes conferências. Apresentam o perfil bíblico de Hebreus 11:38: "O mundo não era digno deles. Vagaram pelos desertos [do sertão nordestino] e montes [nas favelas urbanas], pelas cavernas [os bolsões de violência e miséria] e grutas [entre os pecadores]".

Sim, estou muito aflito. O Brasil está se tornando um país de muitos cristãos, mas sem cristianismo. Não dá mais para conviver com isso. Não se trata de ressentimento, mas de indignação, de voz que clama, grita, que não se conforma e deseja muito que seja devolvida, aos santos e aos profetas, a porção da Igreja Evangélica brasileira que caiu nas mãos de aventureiros e negociantes.

No futuro, os historiadores se debruçarão, pesquisarão e escreverão sobre a Igreja neste século. Como sempre, a história será contada a partir de dois ângulos: a igreja do poder e da conquista e a igreja da periferia, santa e profética.

João Moreira Salles fez um comovente documentário sobre uma igreja na periferia de Santa Cruz, zona rural do Rio de Janeiro. Ele esteve naquela comunidade durante um ano e nos conta a história de um pastor anônimo, não remunerado, e um punhado de crentes plantando uma igreja numa zona de invasão.

Vamos conhecendo os personagens reais: pedreiros, donas de casa, zeladores e outros que, alcançados pelo evangelho, mudam de vida, são curados e se tornam missionários, presbíteros, diáconos. Como conseqüência dessa presença, o lugar vai se transformando, adultos são alfabetizados, crianças vão à escola e o bairro se valoriza.

Estamos aflitos por ver os desmandos da igreja do poder, mas também cheios de esperança, pois aqui e ali nos deparamos, na periferia, com o verdadeiro testemunho de Jesus Cristo. Pequenas igrejas, agências missionárias, ONGs humanitárias evangélicas, pastores e missionários anônimos. São muitas as manifestações da genuína presença do Espírito Santo entre nós.

Que possamos humildemente reconhecer a tentação do poder religioso para resistirmos aos encantos dos palácios de Jerusalém, deixando-nos levar pelo Espírito de Cristo para as estradas empoeiradas da Galiléia sem temer a perseguição em Jerusalém, que certamente surge quando os profetas da periferia confrontam os fariseus e os mercadores do templo.

Adultos e crianças na fé

TEMOS PRESENCIADO um crescimento sem precedentes da Igreja Evangélica alcançando todo o Brasil. Caminhamos pelas principais avenidas das grandes cidades e nos deparamos com muitas igrejas, novas e antigas denominações. Nas pequenas cidades, no campo, na praia, em todo lugar encontramos crentes.

Ligamos o rádio ou a TV e são incontáveis os programas que anunciam o evangelho. Há convertidos desde as camadas mais humildes da população até as mais abastadas. Há artistas, esportistas, políticos e celebridades que professam publicamente sua fé em Jesus Cristo. O movimento evangélico é visto como um segmento que movimenta milhões de reais nos mercados editorial e fonográfico, além de outros bens e serviços religiosos.

Urge, no entanto, um alerta quanto à qualidade, à profundidade e ao alcance social desse movimento. Um deles diz respeito à leitura da Bíblia. Sabemos que crescemos no amor e no conhecimento de Deus por meio de estudo e aplicação das Escrituras. O que vemos é uma oferta extraordinária de cultos, reuniões, seminários, conferências e encontros em todos os lugares, todos os dias da semana. Isso não significa que o povo esteja sendo instruído adequadamente nas Escrituras. A maior parte dos crentes depende de líderes e pastores que lhe expliquem a Palavra.

Essa é uma necessidade premente para novos convertidos, mas o que dizer dos crentes com cinco, dez ou mesmo vinte anos de vida cristã? Existe a idéia de que Deus fala primeiro por intermédio de homens e mulheres que estudaram num seminário teológico e receberam alguma ordenação formal. Esses líderes treinados nas línguas originais, na exegese, na hermenêutica e na homilética se tornam intérpretes da Palavra de Deus para a maior parte dos crentes, passando a impressionar muito mais pela oratória, pela retórica e pela erudição do que pelo conteúdo e pela vida.

Por um lado, há crentes que se acomodam sem desenvolver uma prática pessoal de estudo bíblico para que Deus fale com eles diretamente. Tornam-se dependentes de líderes para ler a Bíblia, só ouvem a voz do Senhor de segunda mão e não cultivam uma relação pessoal com aquele que fala diretamente por sua Palavra. Por outro lado, existem pastores e líderes que pregam e ensinam seis, sete vezes por semana, tornam-se profissionais da Palavra. Depois de dez, vinte anos fazendo isso, já não lêem mais a Bíblia para si e não precisam sequer orar para preparar um sermão.

Há crentes que [...] tornam-se dependentes de líderes para ler a Bíblia, só ouvem a voz do Senhor de segunda mão e não cultivam uma relação pessoal com aquele que fala diretamente por sua Palavra.

Então retornamos àquilo que a Reforma pretendeu reformar: o clericalismo. Apesar de nos acharmos diferentes da Igreja Católica, não somente temos sacerdotes cuja oração e revelação é praticamente inatingível para a maior parte dos crentes, como também temos hierarquias de bispos e apóstolos. O mesmo fenômeno ocorre na música congregacional, em que a figura do dirigente ocupa esse lugar de intermediação entre Deus e os homens.

Acontece que, como nos ensina a Bíblia (Hb 5:12), os convertidos há algum tempo, que poderiam se nutrir de alimento sólido, permanecem tomando leite. O alimento sólido é para o adulto que sai de casa, vai à feira, escolhe os ingredientes, volta, prepara, cozinha e leva à mesa, considerando uma dieta balanceada com proteínas, carboidratos, sais minerais e vitaminas. O leite, ao contrário, é a mamadeira dada por alguém, fácil de digerir, alimento para crianças. Quando não temos uma vida devocional pessoal, de oração e estudo das Escrituras, transferimos a líderes a função de nos nutrir. Assim, continuamos tomando mamadeira.

É tempo de a Igreja ensinar que não precisamos de intermediários para ouvir a voz de Deus. Reconhecemos pastores e líderes como aqueles que o Senhor levanta para orientar e guiar, cuja função principal é amadurecer os crentes, tornando-os adultos na fé. Sabemos que cada um é parte do sacerdócio universal dos cristãos e goza do privilégio de entrar confiadamente diante do trono da graça, pelo novo e vivo caminho no sangue de Jesus Cristo.

Podemos abrir a Bíblia e ouvir a santa, doce e bendita voz de Deus, que deseja ser Pai e Amigo, que espera que levemos a ele em oração todas as alegrias e tristezas, estabelecendo uma relação pessoal. Deixemos de ser infantis, dependentes da instrução e dos limites de líderes, e cresçamos como adultos, que andam com as próprias pernas na fé, na esperança e no amor.

Os sem-igreja

A RELIGIÃO DE MERCADO fez da igreja uma prestadora de serviços religiosos, e do membro, um consumidor exigente. Alguma coisa lhe desagrada e pronto: ele muda de igreja. Há um constante vaivém no rol de membros, e as transferências geralmente são em maior número do que as conversões. Fidelidade à igreja local e permanência por longo tempo são cada vez mais raras.

Com isso, ocorre um fenômeno cada vez mais freqüente: irmãos e irmãs em Cristo convertidos, sinceros, com uma história de envolvimento e serviço, estão fora da igreja institucional. Às vezes, só freqüentando um grupo de comunhão ou de interesse durante a semana; outras, visitando ocasionalmente diferentes igrejas aos domingos. São os sem-igreja.

Há um grande contingente de pessoas feridas por abuso espiritual, divisões iradas, escândalos e um cansaço crônico diante da mesmice e da superficialidade de muitas igrejas. São pessoas que querem continuar no caminho do discipulado cristão, mas sem compromisso com a igreja local.

Caso você se encaixe nesse perfil, permita-me convidá-lo a olhar com mais tolerância e ter uma atitude perdoadora. A Igreja de Jesus Cristo é um hospital de pecadores, não uma galeria de santos. A expectativa que temos em ralação à igreja é tão elevada que não suportamos suas fraquezas.

Isso nos torna intolerantes, pois nossas exigências são tão elevadas, que tudo o que não se encaixa é rejeitado. Quanto mais dificuldade temos para lidar com as fraquezas pessoais, mais difícil será lidar com as fraquezas da comunidade. Projetamos na igreja nossa sombra não assumida.

O grande perigo é a sutileza de nosso orgulho, que devagar nos leva à pretensão de que não existe nenhuma igreja suficientemente boa para nós. Permanecer nela é um exercício de humildade, abnegação e serviço. Perseverar na comunidade é continuar crendo que Jesus Cristo é o Senhor de seu povo.

Na igreja de Corinto havia luta pelo poder, divisões, impureza sexual, problemas de família, sincretismo, interpretações e práticas errôneas acerca da ceia, dos dons espirituais, da teologia da ressurreição etc. No entanto, Paulo, cheio da bondade e paciência do Senhor, escreveu àquela igreja: "O zelo que tenho por vocês é um zelo que vem de Deus. Eu os prometi a um único marido, Cristo, querendo apresentá-los a ele como uma virgem pura" (2Co 11:2).

A Igreja de Jesus Cristo é um hospital de pecadores, não uma galeria de santos. A expectativa que temos em ralação à igreja é tão elevada que não suportamos suas fraquezas.

Gostaria também de me dirigir a você que permanece na igreja. Diante desse êxodo, fazemos de conta que nada está acontecendo. No entanto, se olharmos para nosso círculo de relacionamento cristão, constataremos que pessoas que conhecemos estão afastadas.

Olhamos para a porta de entrada da igreja e nos alegramos por tantos que estão chegando, mas não percebemos que outros tantos estão saindo pelos fundos. Não estamos preocupados com as pessoas, sua permanência, sua fidelidade, sua amizade, seu compromisso, mas com programas, orçamentos, eventos, construções etc.

O grande desafio da igreja é criar um contexto de intensa vida comunitária no qual haja um sentido de pertencimento e acolhimento para que os vínculos de amizade se desenvolvam. A qualidade da comunhão é fundamental na experiência eclesial.

O compromisso de permanecer, apesar de nossas divergências, e caminhar humildemente com o outro, o diferente, gera em nós fidelidade, virtude essencial para a vida cristã, ensinando que os conflitos sempre podem ser resolvidos sob a perspectiva do perdão e da restauração.

É preciso, portanto, evitar a possibilidade de que, no futuro, as igrejas gerem um contingente enorme de pessoas não somente egressas da comunhão evangélica, mas também antagônicas e ressentidas.

Abuso espiritual

ABUSOS ESPIRITUAIS são comuns na igreja. Ocorrem quando um líder utiliza sua prerrogativa de autoridade espiritual para, em nome de Deus, controlar e ferir seus liderados. Alisto alguns casos verdadeiros e, por razões óbvias (por exemplo, para evitar constrangimento), omito os nomes dos envolvidos e suas igrejas.

CASO 1:
Em uma igreja de médio porte, os membros não têm acesso nem poder de decisão em relação à contabilidade da igreja. É o pastor quem determina o próprio salário e mais os benefícios que incluem casa, carro, escola das crianças, almoços etc. Os obreiros, por outro lado, são consagrados para o trabalho em tempo integral, mas devem levantar seu sustento com amigos e parentes.

CASO 2:
Uma igreja de grande porte envia o missionário à África com sua família, quatro pessoas. Cinco anos depois de muita luta, sacrifício e enfermidades, a família volta e é informada de que a igreja decidiu fortalecer seu ministério local e a construção de um templo, por isso não pode mais apoiá-los na volta ao campo, tampouco no Brasil.

CASO 3:
Um homem de aproximadamente quarenta anos se converte e começa a se integrar na igreja. Um dia, um grupo se encontra em

sua casa para uma reunião de oração e alguns se sentem oprimidos no local. Descobrem que o homem tem uma coleção de discos de música popular brasileira. Olhos inquisidores percebem obras de Dorival Caymmi e Vinícius de Morais, e convencem o novo convertido a queimar toda a sua coleção.

Caso 4:
O grupo de intercessão visita um enfermo grave e ora, declarando sua cura. O doente dá sinais de melhora e o líder do grupo afirma que, como prova de confiança, o enfermo pode parar de tomar todos os remédios. Dali a alguns dias, a pessoa morre. O líder, então, afirma que o enfermo estava, de fato, curado, mas não creu, não se apropriou da bênção.

O abuso sempre é acompanhado de uma justificativa espiritual e precedido de frases como: "O Senhor me revelou"; "Eu estava orando e senti"; "Deus está me mostrando"; "Estive em retiro pessoal e Deus me deu esta visão".

Essas afirmações conferem ao líder religioso um poder sem limites sobre a vida das pessoas, pois, em tese, é legitimado pelo próprio Deus. Muitas pessoas foram humilhadas, feridas e desestabilizadas por líderes imaturos e controladores que abusaram desse poder que lhes foi conferido.

Um dos aspectos mais manipuladores do abuso espiritual é o mau uso da profecia. Muita gente se casou ou entregou suas posses para a igreja depois de dar ouvidos a falsas profecias.

O líder abusador é alguém que possui um perfil autoritário e inquestionável. É controlador, centralizador, tem grande capacidade de sedução e persuasão. Não consegue ter por perto outros líderes tão ou mais fortes que ele. É auto-referência no ministério e na teologia. Tem pouca ou quase nenhuma comunhão com outras igrejas ou pastores que pensam de modo diferente.

Essa liderança abusiva controla as finanças, decide sozinha o destino do dinheiro do ministério. Com freqüência humilha e desqualifica seus liderados em público. Não tem amigos e se cerca de pessoas absolutamente leais que lhe obedecem cegamente.

Por outro lado, pessoas suscetíveis ao abuso são aquelas enfraquecidas pelas agruras da vida e sem força ou discernimento para contestar equívocos da autoridade pastoral. São homens e mulheres inseguros, sem auto-estima, que tendem a admirar seus líderes de forma exagerada e sem censura.

São ingênuos e infantis diante da realidade da vida, dependentes de conselhos para tomarem decisões. Geralmente são pessoas com problemas de relacionamento familiar, carentes de atenção. A religião ocupa quase a totalidade de seu tempo e sua energia, o que leva à espiritualização da existência.

É tempo de o povo de Deus tomar consciência do abuso espiritual, identificando suas várias formas, causas e conseqüências.

É tempo de o povo de Deus tomar consciência do abuso espiritual, identificando suas várias formas, causas e conseqüências. É hora de romper o pacto de silêncio e despertar a igreja para a necessidade de confrontar o problema, oferecendo ajuda tanto ao abusado quanto ao abusador.

Minha oração é que Deus capacite a igreja a se tornar cada vez mais uma comunidade de cura e esperança. Que promova a vida, ajudando os crentes a desenvolver todo o seu potencial rumo a uma maturidade espiritual, existencial, emocional, relacional, intelectual, criativa, profissional, política e social.

Dízimos e ofertas

TODOS CONCORDAMOS com a doutrina bíblica dos dízimos e das ofertas. Porém, nem sempre concordamos com a forma como os recursos financeiros são angariados ou a que se destinam.

Na Antiga Aliança, o Senhor orienta o seguinte: "Tragam o dízimo todo ao depósito do templo, para que haja alimento em minha casa" (Ml 3:10). Sabemos que até o advento de Cristo a mediação entre Deus e os homens era feita por intermédio do sacerdócio levítico, do culto e dos sacrifícios no templo de Jerusalém, onde estava o Santo dos Santos, a presença do Deus vivo.

Isso implicava uma estrutura centralizada, uma folha de pagamento extensa, altas despesas de manutenção, ou seja, uma instituição cara e pesada. Os recursos arrecadados eram destinados à viabilização dessa instituição: o sustento dos sacerdotes, escribas, guardiões do templo etc., além das despesas de manutenção do templo.

Na época de Jesus Cristo, a religião havia se tornado um negócio rendoso. O sacerdócio havia perdido sua função original de guia do povo. Ao redor do templo instalaram-se os mercadores e agiam os guardiões para assegurar a continuidade de um projeto de poder e dinheiro.

Assim, o recurso arrecadado servia para manter uma estrutura materialmente cara e espiritualmente inoperante. Ao confrontar a liderança religiosa de sua época, Jesus disse: "'A minha casa será casa de oração'; mas vocês fizeram dela 'um covil de ladrões'" (Lc 19:46).

Jesus Cristo tem seus maiores embates e confrontos com essa liderança iníqua, que se sente ameaçada de perder seus privilégios materiais e, por isso, trama seu assassinato.

A Nova Aliança apresenta uma nova proposta. Continuam os dízimos e as ofertas, mas o destino do dinheiro deixa de ser "para que haja alimento em minha casa". Hoje, a presença do Senhor não está mais no templo de Jerusalém, mas na vida dos crentes, por meio do Espírito Santo. Tampouco permanece o sacerdócio levítico, que se tornou o sacerdócio universal.

A igreja não precisa mais de templos suntuosos, grande folha de pagamento ou de elevados dispêndios para manutenção, mas de homens e mulheres convertidos, cheios do Espírito Santo, que se reúnem em lugares simples e funcionais. Com a simplicidade do evangelho vivido em comunidade e com o sacerdócio universal dos crentes, o destino do dinheiro teria de ser outro.

Os recursos angariados pela igreja [...] poderiam ser canalizados prioritariamente para a obra missionária e para o atendimento aos necessitados. No entanto [...] a folha de pagamento e a manutenção dos templos absorvem a maior parte desses recursos.

As Escrituras do Novo Testamento nos ensinam que os recursos angariados pela igreja são prioritariamente para dar "assistência aos santos" (2Co 8:4) e para que "haja igualdade" (2Co 8:13), isto é, assistência aos pobres e destituídos, além do sustento daqueles que se dedicam integralmente ao ministério, caso de pastores e missionários (1Co 9:6-14).

No entanto, notamos que, na igreja do Novo Testamento, muitos desses líderes eram auto-sustentados, ou seja, "fazedores de tendas". Paulo teve um grande e profícuo ministério pastoral e missionário, obteve sustento de seu próprio trabalho. Ou seja, deveríamos dar uma ênfase maior ao trabalho ministerial voluntário.

Assim, os recursos angariados pela igreja por meio de dízimos e ofertas poderiam ser canalizados prioritariamente para a obra missionária e para o atendimento aos necessitados. No entanto, na prática, o que constatamos é que a folha de pagamento e a manutenção dos templos absorvem a maior parte desses recursos.

Assim como muitos crentes estão endividados no afã de sustentar um estilo de vida superior a seus ganhos, muitas igrejas também mantêm um padrão elevado de dispêndios. O resultado previsível dessa prática são as insistentes e apelativas coletas, o que também leva, invariavelmente, os pastores a cortejarem os ricos e se distanciarem dos pobres.

Por outro lado, são muitos os projetos cristãos de atendimento aos pobres que passam por dificuldades enormes devido à falta de recursos. Sem falar no ínfimo envolvimento da igreja na missão transcultural e na penúria em que vive a maior parte de nossos missionários. Lembremo-nos das palavras do apóstolo aos pastores de Éfeso:

> Não cobicei a prata nem o ouro nem as roupas de ninguém. Vocês mesmos sabem que estas minhas mãos supriram minhas necessidades e as de meus companheiros. Em tudo o que fiz, mostrei-lhes que mediante trabalho árduo devemos ajudar os fracos, lembrando as palavras do próprio Senhor Jesus, que disse: "Há maior felicidade em dar do que em receber".
>
> Atos 20:33-35

Que o Senhor tenha misericórdia de nós.

Pastores e lobos

PASTORES E LOBOS têm algo em comum: ambos se interessam por ovelhas, gostam e vivem perto delas. Assim, muitas vezes, pastores e lobos nos deixam confusos ao tentarmos saber quem é quem. Isso porque os lobos desenvolveram uma astuta técnica para se disfarçar de ovelhas interessadas no cuidado de outras ovelhas. Parecem ovelhas, mas são lobos. No entanto, não é difícil distinguir entre pastores e lobos. É importante exercitar o discernimento.

Muitas vezes, pastores e lobos nos deixam confusos ao tentarmos saber quem é quem.

- Pastores buscam o bem das ovelhas; lobos buscam os bens das ovelhas.
- Pastores gostam de convívio; lobos gostam de reuniões.
- Pastores vivem à sombra da cruz; lobos vivem sob os holofotes.
- Pastores choram por suas ovelhas; lobos fazem suas ovelhas chorar.
- Pastores possuem autoridade espiritual; lobos são autoritários e dominadores.
- Pastores têm esposas; lobos têm coadjuvantes.
- Pastores têm fraquezas; lobos são poderosos.
- Pastores olham nos olhos; lobos contam cabeças.
- Pastores apaziguam as ovelhas; lobos as intrigam.
- Pastores possuem senso de humor; lobos se levam a sério.

- Pastores são ensináveis; lobos são donos da verdade.
- Pastores colecionam amigos; lobos possuem admiradores.
- Pastores se extasiam com o mistério; lobos aplicam técnicas religiosas.
- Pastores se relacionam com outros pastores; lobos competem com outros lobos.
- Pastores são pastoreados por mentores; lobos rejeitam o pastoreamento de suas almas.
- Pastores vivem o que pregam; lobos pregam o que não vivem.
- Pastores vivem de salários; lobos enriquecem.
- Pastores ensinam com a vida; lobos pretendem ensinar com discursos.
- Pastores sabem orar no secreto; lobos só oram em público.
- Pastores vivem para suas ovelhas; lobos se abastecem das ovelhas.
- Pastores são humanos, reais; lobos são personagens religiosos, caricaturas.
- Pastores vão para o púlpito; lobos vão para o palco.
- Pastores são apascentadores; lobos são marqueteiros.
- Pastores são servos humildes; lobos são chefes orgulhosos.
- Pastores se interessam pelo crescimento das ovelhas; lobos se interessam pelo crescimento das ofertas.
- Pastores apontam para Cristo; lobos apontam para si e para a instituição.
- Pastores são usados por Deus; lobos usam as ovelhas em nome de Deus.
- Pastores falam da vida cotidiana; lobos discutem o sexo dos anjos.
- Pastores se deixam conhecer; lobos se distanciam e se escondem.
- Pastores sujam os pés nas estradas; lobos vivem em palácios e templos.

- Pastores alimentam as ovelhas; lobos se alimentam das ovelhas.
- Pastores buscam a discrição; lobos, a autopromoção.
- Pastores conhecem, vivem e pregam a graça; lobos vivem sem a lei e pregam a lei.
- Pastores usam as Escrituras como texto; lobos as usam como pretexto.
- Pastores se comprometem com o projeto do reino; lobos têm projetos pessoais.
- Pastores vivem uma fé encarnada; lobos vivem uma fé espiritualizada.
- Pastores ajudam as ovelhas a se tornarem adultas; lobos perpetuam sua infantilidade.
- Pastores lidam com a complexidade da vida sem respostas prontas; lobos lidam com técnicas pragmáticas e jargões religiosos.
- Pastores confessam seus pecados; lobos expõem o pecado dos outros.
- Pastores pregam o evangelho; lobos fazem propaganda do evangelho.
- Pastores são simples e comuns; lobos são vaidosos e especiais.
- Pastores possuem dons e talentos; lobos têm cargos e títulos.
- Pastores são transparentes; lobos mantêm agendas secretas.
- Pastores dirigem igrejas-comunidades; lobos dirigem igrejas-empresas.
- Pastores pastoreiam as ovelhas; lobos as seduzem.
- Pastores sabem dividir poder com outros pastores; lobos não dividem poder com ninguém.
- Pastores trabalham em equipe; lobos são prima-donas.
- Pastores ajudam as ovelhas a seguir livremente a Cristo; lobos geram ovelhas dependentes e seguidoras deles.
- Pastores constroem vínculos de interdependência; lobos aprisionam em vínculos de co-dependência.

Os lobos estão entre nós e em nós. É oportuno lembrar do aviso de Jesus Cristo: "Cuidado com os falsos profetas. Eles vêm a vocês vestidos de peles de ovelhas, mas por dentro são lobos devoradores" (Mt 7:15).

Antigos e modernos fariseus

ISRAEL FOI O POVO escolhido por Deus. Aos judeus foram confiados a revelação, a lei, a aliança, o culto e o sacrifício. Durante séculos, Deus preparou esse povo para, a partir dele, gerar o Messias, o Senhor e Salvador. O que aconteceu com a liderança religiosa de Israel na época de Jesus? O que causou tanta cegueira e antagonismo em relação ao Filho de Deus?

A resposta é simples. Eles se tornaram tão religiosos que não tinham mais consciência de que precisavam de um Salvador. Afinal, eram escolhidos, estavam no templo, tinham as Escrituras e não eram como os demais gentios, pecadores e distantes de Deus.

Precisamos olhar para esse desvio histórico com muito temor, pois algo parecido pode estar acontecendo conosco vinte séculos depois. Nós, evangélicos, nos vemos como povo escolhido. Somos salvos. Deus fala conosco. Lemos a Bíblia, e a cada vez que ela trata de assuntos como pecado, cruz e arrependimento, entendemos como uma mensagem dirigida aos pagãos. Já somos salvos, e não somos como os demais homens, pecadores e distantes de Deus.

Devagar, começamos a nos sentir especiais, bons crentes e não percebemos mais nossas falhas e nossos pecados. Quanto mais usados por Deus, mais corremos o risco de achar que temos tanto crédito diante de Deus que ele não se importa com nossos pequenos deslizes. A própria dinâmica da igreja estimula isso, pois vemos incoerências na vida de alguns de nossos líderes, mas dizemos:

"Ele é muito consagrado e usado por Deus. Não temos o direito de apontar suas falhas".

Nós nos tornamos arrogantes, donos da verdade, com respostas prontas para tudo, superespirituais, legalistas, e tudo isso não passa de cortina de fumaça atrás da qual escondemos erros e pecados. Somos justos, ponto final; não precisamos mais de quebrantamento e confissão.

A mensagem da cruz é deslocada do centro do evangelho e substituída pela busca de um Deus que nos beneficie materialmente. Sempre mais, sempre melhor, sempre uma novidade para contar. O discurso se torna maior que a vida. A fé se torna explicativa, posicional, persuasiva, discursiva e moralista. Falamos muito de Cristo, mas pouco de Cristo se vê em nossos gestos e atitudes. Ministérios se tornam projetos pessoais de poder e lucro. A fé vira negócio. Ficamos parecidos com os fariseus e os mercadores do templo.

O pecado do orgulho espiritual é o coroamento da sutileza do mal que opera em nós. Ao nos comparar com bandidos, achamos que somos santos. Temos dificuldade para pedir perdão e perdoar. Mesmo surpreendidos em alguma falha, temos uma capacidade enorme de nos justificar, e para isso citamos a Bíblia, acusamos pessoas e o diabo. Manipulamos, mas nunca admitimos que estamos errados. Assim são muitos pastores, maridos, pais e irmãos na fé.

Quanto mais fariseus, mais sofisticados são os discursos teológicos [...] discutir o sexo dos anjos e a agitação ministerial se tornam mecanismos de defesa para que ninguém se aproxime. Nem Deus.

Quanto mais fariseus, mais sofisticados são os discursos teológicos e mais se mergulha no ativismo, pois discutir o sexo dos anjos e a agitação ministerial se tornam mecanismos de defesa para que ninguém se aproxime. Nem Deus.

Infelizmente, os critérios de avaliação de nossa fé são cada vez mais empresariais: liderança empreendedora, desempenho, sucesso, eloqüência, crescimento numérico, poder midiático e político. Passamos a viver duas realidades: a vida pública, com seus discursos e eventos espetaculares; e a vida privada, a cabeça no travesseiro, os vínculos familiares e relacionamentos afetivos adoecidos.

Uma espiritualidade esvaziada de humanidade, que não erra, não chora, não se irrita, não sente raiva e não tem dúvidas, é irreal, hipócrita, fantasiosa, farisaica. Não há fé cristã senão alinhada com a cruz. Quanto mais espirituais nos tornamos, mais percebemos a dinâmica do pecado nos labirintos secretos de nosso coração e, portanto, mais quebrantados nos tornamos.

Santidade não é fachada religiosa e moralista, mas um coração em contato com sua fraqueza. Aí a leitura da Bíblia, sob direção do Espírito, nos conduz, quebrantados, aos pés da cruz, onde derramamos lágrimas de arrependimento. Visitados pela graça perdoadora do Filho, somos acolhidos no terno abraço do Pai.

É fácil identificar sacerdotes, mercadores do templo, escribas, fariseus e saduceus entre nós. É tempo de começar a admitir que eles estão, acima de tudo, dentro de nós. Que o Senhor tenha misericórdia e nos salve do orgulho espiritual farisaico.

O juízo começa na casa de Deus

ENTRE OS EVANGÉLICOS tem se levantado um legítimo clamor por causa dos recentes desmandos e da corrupção na máquina pública. Principalmente via internet, circula uma série de textos expressando a indignação do povo de Deus e exigindo moralização e punição dos culpados.

Contudo, é preciso dizer que a corrupção é um mal endêmico que remonta à história da colonização, passando pela conquista predatória, as capitanias hereditárias, a escravidão, culminando com o clientelismo, o coronelismo, o fisiologismo, a falta de caráter no trato da coisa pública.

No passado, a Igreja brasileira era minoria, uma espécie de reserva moral e ética. Cresceu muito, no entanto, nos últimos anos, e se tornou cada vez mais parecida com a sociedade.

Tudo isso é agravado pela falta de transparência no financiamento das campanhas políticas, garantidas pelo caixa 2 de poderosos e inescrupulosos grupos empresariais que depois cobram a conta em forma de concorrências fraudulentas e superfaturamento de obras e serviços para o governo.

O que fazer? Como combater essa prática iníqua? Levar vantagem, sonegar, o caixa 2, o acerto *por fora*, a propina, as comissões, a maquiagem de produtos, a pirataria de CDs e *softwares*, a informalidade, a exploração da mão-de-obra, os achaques de fiscais e policiais, os rolos, as falcatruas, as maracutaias, as picaretagens, as negociatas, as falências fraudulentas, os enriquecimentos ilícitos, tudo isso é a matéria-prima que deforma e distorce o caráter do brasileiro.

No passado, a Igreja brasileira era minoria, uma espécie de reserva moral e ética. Cresceu muito, no entanto, nos últimos anos, e se tornou cada vez mais parecida com a sociedade. É triste reconhecer que nossa comunidade evangélica carece de autoridade espiritual para exortar a nação. Precisamos olhar primeiro para dentro e nos arrependermos.

Sim, o juízo de Deus começa em casa. Crentes evangélicos estão espalhados em todos os segmentos da sociedade. Temos governadores, prefeitos, deputados federais e estaduais, vereadores, juízes, promotores, defensores, servidores do executivo, ministros de estado, assessores e diretores nos governos federal, estadual e municipal. Na iniciativa privada há crentes que ocupam postos-chave em multinacionais, bancos, pequenas, médias e grandes empresas nas áreas de indústria, agricultura, comércio, finanças e serviços.

Por isso é realmente preocupante que tantos cristãos presentes no dia-a-dia da vida pública e privada não tenham assumido postura mais contundente contra o que está acontecendo no país. Ou são honestos e estão acuados, ou então se calam porque estão comprometidos com os esquemas. Quer dizer, pecam por omissão ou por prevaricação.

Essa gente toda, inclusive da classe média alta, freqüenta igrejas urbanas, é pastoreada por líderes nacionais que, muitas vezes, em busca de notoriedade e dízimos elevados, não têm coragem de confrontar as deficiências de caráter de seus membros.

E nossa bancada política evangélica? Em vez de exercer um papel profético, acaba amalgamada no senso comum das vantagens do cargo, do nepotismo, do fisiologismo. O juízo começa na casa de Deus. No momento em que todos se eximem de suas faltas e acusam os outros, nós, cristãos, devemos fazer o contrário: admitir e confessar nossos pecados.

Pastores, arrependam-se da ambição, da sede de poder, da omissão, do consumismo. Incluam a cruz, o quebrantamento e a santidade em suas pregações. Simplifiquem seu estilo de vida. Preguem a verdade, que é Cristo, o evangelho que exige desprendimento, entrega e vida íntegra.

Homens públicos: arrependam-se das negociatas. Como Zaqueu, venham a público para confessar, pedir perdão e restituir o que foi tomado indevidamente. Recusem toda e qualquer forma desonesta de lidar com a coisa pública. Sejam honestos e despertem para uma genuína vocação de serviço à nação.

Empresários, arrependam-se dos negócios escusos, do caixa 2 e da sonegação. Denunciem fiscais corruptos, deixem de comissionar compradores *por fora*. Invistam no social, na preservação do ambiente e no desenvolvimento pessoal de seus empregados.

Arrependidos e transformados, teremos autoridade para propor mudanças à sociedade brasileira, pois todos os cristãos, sem exceção, são chamados a serem cidadãos e profetas na luta contra a injustiça e as culturas da morte.

A todos nós, cristãos, em todo lugar, a mensagem é esta: que nos unamos em torno de um genuíno arrependimento que transforme nossa vida comprometida com o *status quo* em vida santa e profética. "Pois chegou a hora de começar o julgamento pela casa de Deus" (1Pe 4:17). Que a misericórdia do Senhor nos alcance.

[illegible] devemos fazer o contrário [illegible]

[illegible] da sede de poder, da [illegible] quebrantamento a [illegible] cada dia. Pa- [illegible]

[illegible] Como [illegible]

[illegible]

[illegible]

PARTE 5

Campo
Meditações sobre a sociedade

A hora do voto

DURANTE AS ELEIÇÕES todos são convocados a votar. Nós, cristãos, temos a responsabilidade de ser criteriosos na escolha de nossos candidatos. Vivemos um momento que demanda reflexão e ação tanto para dentro quanto para fora da igreja.

Quais seriam os pressupostos bíblicos e as linhas de atuação neste momento crítico da história brasileira? Se buscamos uma agenda interna e consensual para a caminhada como igreja, o que deve ser claramente expresso e pontuado para a sociedade brasileira em geral? Permito-me listar alguns desses pressupostos:

Cremos na sacralização da vida. Homem e mulher foram criados à imagem e à semelhança de Deus (Gn 1:27), isto é, possuem origem e características divinas. O relato do Éden afirma que o homem abandonou o relacionamento privilegiado que mantinha com o Criador, mas não deixou de ser objeto do amor de Deus, e este amor é demonstrado historicamente na morte de Cristo na cruz do Calvário em nosso favor (Rm 5:8).

Homem e mulher possuem a *imago Dei*, a imagem e a semelhança com o Criador; são obras das mãos de Deus, obras-primas de toda a criação, pois não há nada com tanta beleza, dignidade e valor intrínseco na criação. Assim, Deus é afrontado quando o ser humano sofre na mão de outro, por causa da violência e da injustiça.

A vida humana é sagrada, e quando trabalhadores são explorados, crianças são abandonadas e jovens são mortos por grupos de extermínio, trata-se não somente de uma afronta contra o ser humano, mas contra o próprio Senhor do Universo. Por isso, apoiaremos candidatos, projetos e iniciativas que promovam a vida e dêem condições dignas e justas aos brasileiros.

Afirmamos a necessidade de justiça. Reafirmamos os princípios básicos do direito e da constituição que declaram que todos são inocentes até que se prove o contrário. Somos favoráveis à lei que ouve antes de condenar, que procede na base de inquérito rigoroso e imparcial e dá o veredicto somente depois do mérito julgado, aplicando-se as penas da lei aos que forem condenados por seus delitos.

Contudo, assistimos à onda de impunidade no Brasil — impunidade que não é para todos, mas para os que possuem recursos econômicos para burlar a lei, assistidos por poderosos advogados. Não se pode construir um país sem justiça, eqüidade e direito.

Nós, evangélicos, queremos justiça para os corruptos que atuam na vida pública e privada, que roubam, lavam dinheiro, sonegam, enriquecem à custa de trabalho escravo e do desvio de verbas públicas. Por isso, apoiaremos candidatos dispostos a defender os fracos e os oprimidos e a fazer cumprir a lei para o opressor e o corrupto.

Cremos no poder transformador do evangelho. Sabemos que o evangelho de nosso Senhor Jesus Cristo tem poder de transformar o coração do homem, oferecendo-lhe parâmetros e motivação para buscar constantemente a justiça, a verdade, a retidão, a família, a solidariedade e o amor.

Sabemos também que homens transformados podem transformar estruturas e poderes iníquos. O evangelho em que cremos afirma que todos os homens pecaram, por isso Deus enviou seu Filho amado para morrer na cruz e, assim, oferecer salvação e vida nova para todos os que se arrependem e crêem nele.

Temos um compromisso com a mensagem do evangelho que chama homens e mulheres a se arrependerem, deixarem seus maus caminhos e crerem em Cristo para viverem uma nova vida alicerçada na verdade e na retidão. Quando o evangelho acontece, poderosos se arrependem e trabalham em favor dos fracos, e os pobres encontram novos estímulos para a vida e o trabalho, o que os faz prosperar.

As estruturas sociais são transformadas, há menos desigualdade e mais justiça. Queremos apoiar candidatos e iniciativas que promovam restauração, multiplicando os sinais de transformação pessoal e social tanto no Brasil quanto no mundo.

Queremos apoiar candidatos e iniciativas que promovam restauração, multiplicando os sinais de transformação pessoal e social tanto no Brasil quanto no mundo.

Pedimos a Deus discernimento para votar, pois existem candidatos que se dizem evangélicos, mas não cumprem essa agenda, enquanto outros que não se enquadram na bancada dos evangélicos possuem um currículo que atesta seu compromisso com a promoção da vida e a transformação social.

Que o Senhor levante homens e mulheres que, movidos unicamente por seu amor, trabalhem concretamente para a justiça e a paz no Brasil.

O problema do mal

Os dias são difíceis: guerras, falta de perspectiva para as nações pobres, violência nas cidades, corrupção das classes dirigentes, miséria, fome, poder do narcotráfico e ausência de valores na sociedade. Sabemos, no entanto, que Deus não é o autor do mal nem deseja o sofrimento e a tragédia humana. Ele jamais suscita a angústia e o medo.

Surge, então, a pergunta: se Deus existe e nos ama, por que há tanto mal no mundo? Por que tantas coisas ruins, tanto caos, tanta perversidade? Por que o mal avança, levando as pessoas de bem a ficarem amedrontadas e cheias de dúvidas?

As forças das trevas relegam Deus cada vez mais ao esquecimento, como se ele fosse impotente diante do mal. Essas dúvidas quanto à soberania e à bondade de Deus estão no coração do homem e da mulher desde a tentação no Éden. Ali, imersos no amor de Deus, a serpente lançou uma desconfiança no coração humano de que Deus era um tirano que autoritariamente os impedia e proibia de comer do fruto da árvore da vida. Adão e Eva, nossos ancestrais, acreditaram na serpente: "Deus não é tão bom assim nem está no controle de nada, podemos desobedecer que não haverá conseqüências".

O argumento contra a fé, que está em nosso coração desde a queda, diz sutilmente: "Veja como o mundo é terrível. Se houvesse realmente um Deus, cheio de amor e todo-poderoso, este mundo não seria tão sofrido". Esse é o argumento de muitos céticos e descrentes, pois ao admitirem que no mundo existe a tortura, o infanticídio etc., não admitem a existência de Deus ou, se a admitem, ele é impotente frente ao mal.

Devemos asseverar que Deus continua sendo todo-poderoso, mas não se trata de um poder ditatorial violento, e sim de um poder que concede liberdade para escolher. Um poder que não se impõe, mas que lhe permite existir em sua escolha, ainda que seja uma escolha contra ele. Um Deus que é, ao mesmo tempo, todo-poderoso e frágil.

Deus se identifica com a tragédia humana habitando entre nós, fazendo-se homem, um homem de dores que sabe o que é padecer. Deus está presente no sofrimento humano e revertendo o mal com o bem. Quando o diabo saiu pelo mundo como um leão enfurecido para matar e despedaçar, Deus enviou, paradoxalmente, um Cordeiro para enfrentá-lo. O Cordeiro venceu, não por força ou violência, mas por seu amor e sua capacidade de entrega.

O importante não é explicar o mal, mas ter a consciência de que a cruz de Cristo já colocou um limite nesta espiral.

O importante não é explicar o mal, mas ter a consciência de que a cruz de Cristo já colocou um limite nesta espiral. Com sua morte na cruz e sua ressurreição, o Senhor já venceu o pecado e a morte, dando sua palavra final: o mal não prevalecerá. A espiral do mal é a lógica perversa de considerar que o mundo é mal e não tem jeito, portanto não adianta crer em Deus. É claro que, quanto mais a humanidade descarta Deus, pior o mundo fica.

Essa é uma idéia viciosa que pode ser quebrada quando homens e mulheres se convertem e se abrem para uma vida na unção do Espírito Santo, com santidade e serviço no mundo. Quando a Igreja deixa de buscar os próprios interesses e se entrega ao projeto do reino, então a presença divina, com seu amor, sua bondade, sua sabedoria e sua misericórdia, passa a fluir neste mundo. Essa é a vocação da igreja: ser instrumento da bondade de Deus, manifestada em obras de justiça.

Ao percebermos essas coisas, podemos nos situar nesse combate entre o bem e o mal. Resistiremos e denunciaremos o mal para promover a vida e a bondade neste mundo tão sofrido. Juntos, confiando que a batalha já foi ganha na cruz, veremos aqui e ali os sinais dessa vitória.

A banalização da violência[1]

A VIOLÊNCIA CONSTRANGE e afeta a todos nós no mundo atual: os movimentos terroristas, o terrorismo de estado, as chacinas, o genocídio, a violência das gangues organizadas, do tráfico de drogas e aquela praticada nas relações cotidianas. Em todas essas dimensões, observa-se um denominador comum: todos somos vítimas e algozes em determinados momentos e em diversas circunstâncias da vida.

Afinal, o que é violento para uma cultura pode não ser para outra — por exemplo, a mutilação de órgãos genitais femininos em algumas culturas. A violência pode ser sancionada socialmente, como no caso do castigo aos filhos; pode até ser desejável, como na guerra contra regimes injustos ou em defesa dos cidadãos, quando o crime impera.

Precisamos, portanto, definir o que entendemos por violência. De forma mais genérica, ela pode ser sinônimo de abuso de poder, que ocorre quando nos sentimos (real ou imaginariamente) na iminência de perdê-lo. Quando cessa o poder, instaura-se a violência.

Alguns atos violentos corriqueiros são exemplos desse mecanismo: a mãe que dá palmadas no filho quando ele atravessa a rua sem olhar; o professor que esmurra a mesa quando os alunos estão

[1] Escrito com Marion Brepohl.

agitados; o amigo que passa a gritar quando perde uma discussão. Esses exemplos mostram a perda do autocontrole, ou seja, a perda de alguma forma de poder legítimo, ou que assim pareça.

No entanto, há uma violência mais severa em que se extrapola os limites do tolerável e que, via de regra, está associada à idéia de impunidade. Ocorre quando os prazeres que militam na carne, na iminência de serem frustrados, substituem o autocontrole e a razão. Alguns exemplos: o estuprador, que quase sempre tem problemas de impotência sexual; Bin Laden diante do poder bélico americano, extraordinariamente mais poderoso do que o de seu grupo; o marido desempregado que surra a esposa por já não se sentir mais o chefe da família.

Se tomarmos por base nosso passado, veremos que a agressividade humana sempre esteve presente nos principais momentos da história. As guerras mencionadas no Antigo Testamento, a violência do Império Romano ou mesmo as cruzadas da Idade Média. Neste caso, sabemos que essas guerras significaram uma ação violenta por parte dos cristãos contra os descrentes; contudo, é importante ressaltar que, para a mentalidade daqueles cristãos, os atingidos eram inimigos de Deus e, portanto, possuídos por Satanás; daí sacrificar-lhes a vida pressupunha salvar a cristandade.

Desde o século XVI observa-se que as guerras européias potencializaram a capacidade humana de matar não só entre europeus, mas também nas Américas e, mais tarde, na África, onde o genocídio foi praticado em várias oportunidades. Além das guerras, podemos citar a escravidão nas colônias, o trabalho degradante nas fábricas, a violência contra doentes, delinqüentes, vadios, mendigos e prostitutas.

A partir daí, com o avanço tecnológico e a difusão dos meios de comunicação, o ato violento adquiriu, passo a passo, maior visibilidade. No que diz respeito aos séculos XX e XXI, o terrorismo e a violência urbana apresentam um quadro sem precedentes. A banalização da violência a partir do século XX talvez possa ser explicada pela concentração urbana, pelo avanço tecnológico do poderio bélico e pela impunidade, própria de uma sociedade em que o anonimato é favorecido.

Para além das guerras, chacinas, linchamentos e genocídios, podemos citar as políticas oficiais contra os refugiados, desempregados, imigrantes ilegais, etnias consideradas indesejáveis, tratadas como massa supérflua, lixo humano, mão-de-obra excedente, a quem se dispensa um tratamento de indiferença. A reação dessas massas, por sua vez, não tem sido menos violenta: tráfico de drogas, furto, seqüestro, assalto e, em parte, a violência doméstica.

A despolitização da sociedade (que nunca é absoluta, mas muito significativa) e todos os fatores já mencionados reduzem o homem à condição de animal: caça ou caçador, vítima ou algoz, alvo de violência ou de caridade. Somos um pouco como os cães, que, em vez de virar a mesa dos patrões, esperam que dela caiam as migalhas; e quando não caem, avançam furiosamente no dono.

Detenhamo-nos um pouco no termo "terror", que consiste na intimidação e na ameaça em nome de uma causa ou de um objetivo político. Diferente da guerra convencional, parece representar a forma de poder que inaugurou o século XXI. Para melhor compreender a natureza do ato terrorista, que não vem de um louco, de um *serial killer* ou de um delinqüente, como às vezes nos fazem crer, seria interessante valer-se do esquema proposto por Roger Dadoun quando procura explicar a violência praticada por grupos terroristas. As características básicas são:

- Eleger um espaço confinado como local de moradia e de planejamento de suas ações.
- Perceber-se como fruto de violência.

- Praticar a violência em nome de algo ou alguém (o chefe, o partido, o grupo, a revolução, Deus), nunca em benefício próprio.
- Imaginar, de forma delirante e paranóica, que sempre há uma ameaça contra um bem absoluto e, conseqüentemente, contra si, e considerar-se representante desse bem absoluto.

É como acontece em uma seita religiosa. Ao líder devota-se admiração, respeito e obediência. Para segui-lo, abandona-se tudo e todos, até a própria história. Essa relação não admite outros vínculos, outras mediações. Sobretudo, não admite dúvidas. Há muito perigo ao se cortar todos os vínculos afetivos preexistentes em nome de um só objeto de idealização e temor.

Senso de missão, de um lado, e medo do diferente, do outro, somados à certeza da impunidade, constelam a paranóia terrorista. Não seria essa uma configuração coletiva que repete o que ocorre no ato violento interpessoal? Não terá sido esse o sentimento que levou Caim a matar Abel? Como refletir sobre todos esses fatos à luz da Bíblia?

Jesus se revela o melhor paradigma: diante dos algozes do Sinédrio, de Pilatos e no Calvário, ele não reagiu de forma violenta. Demonstrou, na prática, que a atitude não violenta pode ser uma atividade, e não uma passividade. Isso inspirou pelo menos dois grandes nomes do século XX: Mahatma Gandhi, que conhecia os princípios cristãos e valeu-se de alguns deles para enfrentar os ingleses; e Martin Luther King.

Tudo isso nos inspira a refletir sobre o mal na atualidade. No caso da invasão do Iraque, curioso e deprimente para nós é que há cristãos que justificam, apóiam e recomendam essa ocupação. Há, inclusive, pastores que aconselham George Bush a mantê-la em nome do bem contra o mal. Por certo, Saddam era um ditador, e a comunidade cristã não poderia apoiá-lo, mas o ataque não cumpriu os critérios recomendados pelos patriarcas da Igreja, tampouco obedeceu às leis internacionais concernentes à guerra nem representou um combate ao grande mal do mundo. Além disso, há o mal da miséria, do narcotráfico, da aids, apenas para citar três problemas muito mais aflitivos.

É fácil condenar o mal [...] o mais difícil de se enxergar e aceitar é o mal travestido de bem, aquele que religiosos praticam em nome de Deus.

Por fim, é importante olharmos para nós, porque é fácil condenar o mal, tanto aquele que se pratica cotidianamente quanto o político. Porém, o mais difícil de se enxergar e aceitar é o mal travestido de bem, aquele que religiosos praticam em nome de Deus. Trata-se da arrogância, da violência verbal contra o outro, julgado como pecador, inferior, inimigo, descrente. Ou, pior ainda, como nada, a quem se olha, mas não se enxerga. Esse é o grande risco que nos afeta: o de nos tornarmos indiferentes à dor do outro. Agindo assim, tornamo-nos mais vulneráveis à sedução do ato violento.

O direito de discordar

> Ai dos que chamam ao mal bem e ao bem, mal, que fazem das trevas luz e da luz, trevas, do amargo, doce e do doce, amargo!
>
> Isaías 5:20

SOU CONTRA TODO TIPO de radicalismo, preconceito, falso moralismo e discriminação. Acredito que todo ser humano deve ser respeitado e bem tratado, independentemente de raça, credo, condição social ou preferências sexuais. No entanto, reservo-me o direito de não concordar, e de lutar para não ser impedido de expressar minhas convicções e, ainda assim, continuar respeitando e tratando bem o que pensa ou age diferente — em especial quanto às questões do homossexualismo e do aborto. O que pretendo fazer neste texto não é julgar ou condenar, mas ressaltar valores que estão se perdendo, sem os quais nossa civilização declina e corre até o risco de aniquilação. São valores que dizem respeito à família como célula principal da sociedade.

Vivemos a relativização dos valores da família, tudo em nome do direito do prazer e do politicamente correto. O radicalismo, a discriminação e o preconceito viraram de lado, e hoje ficou difícil defender o heterossexualismo e o direito à vida intra-uterina. Quem assim se posiciona é alvo de pressões, processos, é tido como retrógrado e moralista. Se, no passado, consideramos ilegais tanto a homossexualidade quanto o aborto, hoje os execrados são o homem e a mulher que vivem e defendem uma ética para a família que tem como núcleo o casamento heterossexual, monogâmico, exclusivo e permanente como contexto de geração, proteção e educação dos filhos.

A família é a guardiã da preservação da espécie humana, isto é, a união do homem com a mulher, uma só vez, no contexto do amor, do respeito, da fidelidade e para toda a vida. Esse é o projeto de Deus para a humanidade. Se destruirmos os valores da família, então todas as outras fronteiras do certo e do errado também serão desrespeitadas. Se não existir uma ética, um parâmetro para a família, então não haverá ética nenhuma, pois a família é a célula mais importante do tecido social. Se ela adoecer, todo o resto adoecerá também. E não haverá mais limite para o desrespeito à vida, não haverá mais certo ou errado.

A Bíblia afirma que Deus fez do homem um ser sexual. É a primeira identidade humana: "Homem e mulher os criou" (Gn 1:27). Ser homem ou mulher, reconciliado com seu gênero, é a primeira noção de identidade no ser humano. Constituir família é o projeto original de Deus, e o mundo continua sem nenhuma outra alternativa válida para um relacionamento profundo e gratificante. No casamento, a vida sexual pode ser desfrutada em plenitude entre o homem e a mulher. E isso é bom.

O radicalismo, a discriminação e o preconceito viraram de lado, e hoje ficou difícil defender o heterossexualismo e o direito à vida intra-uterina. Quem assim se posiciona é tido como retrógrado e moralista.

A Bíblia afirma que a relação sexual tem três dimensões. Em primeiro lugar está a unidade, que possibilita a intimidade, a interação, a comunhão profunda, a comunicação intensa e vital entre o homem e a mulher (Gn 2:24). Segundo, o prazer, o desfrutar das sensações agradáveis, a descoberta do *eros*, a alegria do lúdico, do prazer dos sentidos (Gn 18:12; Pv 5:15-19; Ct). Terceiro, a procriação, a experiência de nos tornar co-criadores com Deus na geração de filhos e na preservação da raça humana (Gn 1:28).

Pensamos no feto como algo impessoal, um prolongamento do corpo da gestante. Como premissa do direito ao próprio corpo e de algo que ainda não é vida, se justifica e se defende o aborto. No entanto, trata-se de uma vida humana — em gestação, é verdade, mas portadora de todos os elementos da vida, um ser humano que depende do ambiente protegido do útero para se desenvolver, crescer e nascer. Assim diz a Palavra de Deus:

> Tu criaste o íntimo do meu ser e me teceste no ventre de minha mãe. Eu te louvo porque me fizeste de modo especial e admirável. Tuas obras são maravilhosas! Digo isso com convicção. Meus ossos não estavam escondidos de ti quando em secreto fui formado e entretecido como nas profundezas da terra. Os teus olhos viram o meu embrião; todos os dias determinados para mim foram escritos no teu livro antes de qualquer deles existir.
>
> Salmos 139:13-15

Ou seja, a vida humana tem início na concepção. No óvulo fertilizado pelo espermatozóide já existe um ser humano em formação. E a vida criada à imagem e semelhança de Deus é sagrada. Precisamos defender a vida intra-uterina, do homem, da mulher, do idoso, do deficiente, do pobre, do encarcerado, do doente, do estrangeiro, do diferente. Esta deve ser a base dos direitos humanos: o respeito à vida, pois a vida humana é sagrada.

A defesa intransigente e o proselitismo da homossexualidade e do aborto atinge frontalmente a família, configura um desmonte sistemático de valores primordiais do ser humano e coloca em risco a própria humanidade. Já há quem diga que a pedofilia deveria ser tolerada, pois outras práticas, como homossexualismo e aborto, antes proibidas por lei, agora são legais e aceitas.

Sei que vou continuar vivendo com filmes, livros, artigos, *lobbies*, passeatas e discursos em defesa do direito de escolher sua preferência sexual e do direito das mulheres ao aborto. Não concordo com o homossexualismo nem com o aborto. Ainda assim, defendo o direito das pessoas de continuarem postulando suas escolhas equivocadas.

Por favor, não me discriminem e nem me processem — permitam-me discordar em paz e continuar defendendo, a partir de convicções profundas e inegociáveis, os valores cristãos da família: a beleza de ser homem ou mulher, a sublimidade do casamento heterossexual, a dignidade da fidelidade conjugal e o direito à vida das crianças no útero de suas mães. São valores sagrados.

Dinheiro, Mamon

Palavras de Jesus em Lucas 16:13: "Nenhum servo pode servir a dois senhores; pois odiará um e amará outro, ou se dedicará a um e desprezará outro. Vocês não podem servir a Deus e ao Dinheiro".

Em grego, Jesus Cristo dá um nome próprio para o dinheiro: Mamon, ensinando-nos que se trata de uma potestade. Ou seja, faz parte do conjunto de poderes que competem com Deus e que serão aniquilados, desaparecerão com a restauração de todas as coisas.

Com essa afirmação, Jesus Cristo nos revela algo excepcional — o dinheiro pretende ser um poder divino. Assim, não se trata apenas de assunto material, moral ou econômico, mas que também apresenta uma dimensão espiritual.

Engana-se, portanto, o homem que acha que pode se servir do dinheiro, pois, na maior parte do tempo, é Mamon que se serve do homem, que o dobra à sua lei, que o oprime e escraviza.

Deus e Mamon se opõem. Como potestade, o dinheiro pode se assenhorear do coração do homem, estabelecendo com ele uma relação de senhor e servo. Engana-se, portanto, o homem que acha que pode se servir do dinheiro, pois, na maior parte do tempo, é Mamon que se serve do homem, que o dobra à sua lei, que o oprime e escraviza.

Há uma convicção generalizada de que o dinheiro traz felicidade e de que, quando os problemas financeiros forem resolvidos, tudo será resolvido. Vivemos na ilusão de que o dinheiro pode realizar os desejos do coração e nos tornar pessoas felizes e realizadas.

Há um poder espiritual no dinheiro que é capaz de comprar a alma, a verdade, a consciência e a integridade do homem. Começa competindo com Deus, prometendo paz, alegria, segurança, estabilidade, bem-estar, amizades, realização pessoal, liberdade etc.

É um poder sedutor que promete felicidade, mas que só nos faz infelizes, insatisfeitos, endividados, egoístas, desconfiados, consumistas e sem amigos. Trata-se de uma potestade que enfatiza o ter, impedindo-nos de viver por ideais, valores e pela nobreza das causas, respeitando as pessoas por aquilo que são.

José é vendido pelos irmãos e Jesus é traído por um punhado de moedas. Mamon estabelece no mundo a lei da relação de compra e venda. Tudo está à venda e tudo pode ser comprado. Tudo e todos têm seu preço. Esse é o poder do dinheiro, que considera normal poder comprar tudo, inclusive corrompendo o homem e sua consciência.

Ele move os homens pelo interesse em ganhar, insinua-se, faz promessas, cativa e busca ocupar o primeiro lugar no coração e na mente. Seduzidos por Mamon, tornam-se mais mobilizados por ele do que por Deus, pela família, pela igreja e pela tragédia dos que sofrem.

Quanto mais amamos, mais parecidos nos tornamos com o objeto de nosso amor, a ele nos ligamos. O destino eterno do homem não está ligado a uma boa confissão de fé, mas àquilo que ele mais amou, àquilo com que mais se identificou e se ligou na vida. Amar o dinheiro é se condenar com ele à destruição, ao desaparecimento. Ao dizer que não dá para servir a dois senhores, Jesus Cristo nos coloca diante da escolha de nosso mestre.

Na contramão da relação de compra e venda surgem a graça e a gratuidade. Jamais poderíamos pagar o preço de nossa salvação.

Deus aceita que seu Filho morra na cruz para nos reconciliar com ele. A redenção é, literalmente, o pagamento do preço exigido por Satanás para libertar o homem.

Deus nos compra e liberta para que vivamos em liberdade, isto é, nos dá uma nova maneira de viver na esfera de seu reino, onde nada está à venda, mas tudo é gratuito. Não podemos comprar as bênçãos e os benefícios de Deus, pois sequer os merecemos. Ele nos dá gratuitamente a salvação, o perdão, a vida eterna, o Espírito e as bênçãos materiais, chamando todos que de graça receberam a de graça darem.

A maneira mais concreta de ficarmos livres de Mamon é sendo generosos, largos, vivendo nossa vida com simplicidade, e em vez de acumular, dar de graça de nós, de nosso tempo, de nossos recursos à obra missionária e aos pobres.

Onde foi parar a arte?

A ARTE COMO EXPRESSÃO cultural e criativa sempre existiu, ou seja, ela preexistiu em Deus, em absoluta perfeição quando ele criou o universo.

Lemos em Gênesis que Deus cria do nada, dando forma, sons, cores, texturas, aromas e sabores ao universo. Ele cria o universo e tudo o que nele há, o adorna com estrelas e astros, separa um planeta e cria a natureza: a terra, o ar, a água e o fogo. Prossegue com a criação da fauna e da flora, enche a terra de beleza e aconchego. Finalmente, no último dia, cria o homem e a mulher à sua imagem e semelhança.

Ao criar o universo em que vivemos, ao criar a vida humana, Deus cria também a primeira forma de arte, e concede à sua criatura dons e talentos artísticos, além da capacidade de apreciar a beleza. Na Bíblia, lemos as instruções precisas de Deus para adornar o templo (Êx 31:1; 35:3), contemplamos a beleza poética dos salmos e de Cântico dos Cânticos. Somos chamados a dançar com o salmo 150.

Quando olhamos a obra criada por Deus, não podemos deixar de enaltecer o grande Artista, não podemos deixar de nos extasiar. A humanidade, o micro e o macrocosmo são obras-primas, milagres da criação, frutos da genialidade criadora de Deus.

Deus é, portanto, a fonte, a origem da arte, e podemos dizer que o talento artístico é uma luz divina dada por Deus ao homem por meio da *imago Dei* (imagem e semelhança de Deus). Embora alguns homens se destaquem através de vocações artísticas especiais, a criatividade e a capacidade de apreciar o belo foram concedidas a todos.

A arte atrai e desperta a apreciação extasiada da beleza estética; leva a repensar conceitos, incita a usar a intuição para algo que não pode ser explicado ou captado de forma racional. A arte resgata o intuitivo, a inspiração, o lúdico, a criatividade e a transcendência. A percepção da beleza é uma resposta espiritual. Artistas são profetas numa sociedade dominada pela razão e pelo dinheiro.

A arte resgata o intuitivo, a inspiração, o lúdico, a criatividade e a transcendência. A percepção da beleza é uma resposta espiritual. Artistas são profetas numa sociedade dominada pela razão e pelo dinheiro.

Assim, existe na arte essa dimensão do mistério, do imponderável, do insondável, pois todos esses conceitos de capacitação, talento, criatividade, liberdade e interpretação da realidade nos conduzem ao Criador, ao Deus revelado nas Escrituras, Pai de Jesus Cristo. O Deus vivo e verdadeiro é a fonte e a origem da arte e da beleza a ser apreciada.

O produto da criação artística não serve apenas para ser comercializado, para entreter, decorar ou divertir, mas também para falar ao espírito humano, mexendo com as entranhas, seja para inquietar ou enlevar. O testemunho eloqüente dessa afirmação pode ser conhecido através da contribuição de artistas cristãos como Bach, van Eyck, Vermer, Rembrandt, Handel, Soljenitsyn, Dostoievski e outros, cujas criações provocam em nós um sentimento profundo de reverência e sacralização.

O verdadeiro artista reconhece que há outro acima dele, trabalha e cria com a alegria de um aprendiz sob o céu criado por este outro artista, o Deus do universo. Esse reconhecimento é essencial para que o artista fique livre da armadilha narcisista, a síndrome da prima-dona inacessível, a ilusão de ser igual a Deus.

A arte, a criatividade, o esforço cultural, a apreciação do belo não necessitam de justificações ou espiritualizações. Muitas vezes, dicotomizamos a arte e dizemos: "Isto é espiritual e isto é secular". Essa cisão acaba por nos fazer aceitar a mediocridade na arte feita por cristãos: pintura, arquitetura, teatro, dança, literatura e música comercializados e aceitos sem discernimento só porque o tema é evangélico, apesar do conteúdo artístico pobre.

Colocamos camisas-de-força em nossos artistas; os músicos devem entrar para o coral, os pintores precisam criar cenas bíblicas, os atores têm de fazer evangelismo, os poetas não podem deixar de citar a Bíblia, os dançarinos só fazem coreografias inocentes para o louvor.

Onde estão nossos artistas eruditos, populares e de vanguarda, criando sem censura, com autenticidade e integridade, sem concessões comerciais? Na música, vemos uma repetição pasteurizada e norte-americanizada de temas de adoração. São canções bonitas, com letras inspiradas, mas onde estão o maxixe, o frevo, o samba, o baião, o xote e outras riquezas rítmicas de nossa cultura?

Há muita mediocridade na arte produzida no meio evangélico. Precisamos de restauração estética e ética, mecenato e espaço para artistas cristãos, não só para as belas-artes, mas também para a arte popular e a arte de vanguarda.

Cinema, um olhar crítico

O CINEMA É UM dos mais importantes meios de comunicação. Muita gente se engana pensando se tratar apenas de diversão ligeira, sem conseqüências.

Considerado a "sétima arte", tem sempre uma mensagem, um significado, um conteúdo, podendo mexer com as emoções, com a mente, com valores e crenças. Por isso, os cristãos devem analisá-lo criticamente, com discernimento a partir de uma consciência bíblica.

No entanto, na maior parte do tempo, simplesmente assistimos de maneira passiva a um filme, absorvendo sua mensagem. Saímos com um sentimento de contentamento quando achamos que o filme é bom, ou com certa frustração quando achamos que o filme é ruim.

Mas qual é o critério que utilizamos para julgar um filme? Tentamos entender a mensagem que o diretor tentou passar? Iniciar um diálogo, avaliar, criticar e articular uma resposta cristã é o caminho para aqueles que procuram entender e dialogar com a cultura de sua geração.

Hollywood dita o padrão mundial de cinema com grande ênfase no melodrama. Temas como fama, dinheiro, amores proibidos, vingança e grandes tragédias são comuns, e geralmente apresentam um final definido e previsível, feliz para os bons e triste para os maus. Temas psicológicos, filosóficos ou teológicos raramente são abordados. Os melodramas apelam para as emoções, para o nível da experiência, subvertendo o intelecto.

Vemos filmes em que os personagens catalisam a empatia, levando a platéia a se identificar com eles. Na cadeira, sofremos e nos alegramos, somos conduzidos ao meio da ação, mergulhamos na trama. Transferimos desejos, sonhos, frustrações e vivências interiores inconscientes para a vida dos personagens. Durante algumas horas, saímos da realidade.

Por isso, Hollywood é chamada "fábrica de ilusões". A ilusão ou o devaneio é uma forma de mentira que tira nossos pés do chão. Apoiada numa formidável máquina mercadológica que consome milhões de dólares, a indústria cinematográfica não somente anestesia a sensibilidade crítica como compromete a capacidade de se indignar com o mal, o pecado, a violência. Ela cria modas, hábitos e valores.

Para entender o cinema é necessário saber ler imagens. Os códigos cinematográficos possuem um apelo irresistível que não ocorre em outras formas de arte.

A plasticidade da violência que vemos em alguns filmes pode tranqüilamente fazer o público apreciá-la. Truques de iluminação ajudam a ressaltar o perfil de cada personagem, tornando-o simpático ou antipático.

Outro exemplo: quando o marido é interpretado por um ator feio e chato, a esposa dedicada e bem intencionada sofre com o relacionamento.

O outro homem que vai aparecer na vida dessa mulher infeliz é sensível, ingênuo e honesto. No momento do encontro, a câmera abre e o sol brilha no meio de um parque florido. Daí vem um corte e vemos o marido com a barba por fazer, maltratando os filhos e bebendo em casa. É claro que intimamente começamos a torcer para que o romance adúltero dê certo.

A banalização do sexo e a plasticidade da violência no cinema cauterizam a consciência. Ficamos intelectualmente paralisados, a capacidade de discernimento é anestesiada e, amarrados pelas emoções, não percebemos a mensagem que está sendo passada.

O cinema nos desafia a desenvolver uma mente crítica para discernir a mensagem e os valores que estão sendo comunicados, capacitando-nos a articular uma resposta bíblica.

O cinema nos desafia a desenvolver uma mente crítica para discernir a mensagem e os valores que estão sendo comunicados, capacitando-nos a articular uma resposta bíblica ao filme. Caso contrário, ficamos intelectualmente paralisados, a capacidade de discernimento é anestesiada e, amarrados pelas emoções, não percebemos a mensagem que está sendo passada — mensagem essa que, muitas vezes, nos torna insensíveis frente ao mal e cooptados por uma filosofia de vida sem valores ou ética.

Em busca da felicidade

Todos se perguntam como viver em plenitude e com significado. Muitos apenas toleram a vida, o trabalho, a família, os vizinhos.

A publicidade espelha essa insatisfação, oferecendo uma série de serviços e produtos para amenizar o tédio e alegrar a vida. Vivemos a terrível sensação de ter tudo e faltar algo.

Isso se evidencia na dificuldade de lidar com a frustração, o que torna as pessoas ansiosas, irritadiças, impacientes e preocupadas. Existe um profundo vazio de valores, sentido e significado, um vazio de amor e solidariedade. Cada um pensa em si e sofre com o egoísmo e o descaso.

As pessoas disfarçam, camuflam esses sentimentos anestesiados com alguns momentos de alegria no *shopping center*, no barzinho, na academia de ginástica, no cinema. Fazem tudo isso e voltam à rotina sem satisfação. Aí compram um livro de autoajuda ou vão atrás de uma igreja que anuncia soluções milagrosas. Não funciona. Vão à farmácia e se automedicam: aspirina, relaxante muscular ou aquela fórmula anunciada que elimina dores, tensões e restaura a alegria de viver.

Continuam se sentindo mal. Fazem terapia ou procuram o médico, que receita coisas mais pesadas. Se isso também não funcionar, fazem novo regime e compram uma roupa nova. Ou então viajam, enquanto outros afundam horas e horas na frente do computador ou da televisão. Consultam o horóscopo ou jogam na Mega-Sena.

Tudo em vão. Falta sentido, algo que proporcione alegria e contentamento. As pessoas se descobrem em busca de uma felicidade que não podem alcançar porque entendem felicidade como prazer ou, pelo menos, ausência de desprazer.

Pode se dizer que há dois tipos de felicidade: a circunstancial, relacionada ao prazer efêmero, e outra mais profunda, que abarca a vida de maneira geral, com suas alegrias ou tristezas — uma paz misteriosa que vem do fundo da alma, uma alegria íntima e profunda que celebra a existência com a convicção de que a vida vale a pena.

Pode se dizer que existem dois tipos de felicidade: a circunstancial, que tem relação com o prazer efêmero, e outra mais profunda [...] uma alegria íntima e profunda que celebra a existência com a convicção de que a vida vale a pena.

Essa paz, essa felicidade, essa plenitude tem origem e reside no encontro com o Cristo ressurreto, para andar em seu caminho e praticar sua verdade. A vida sem Cristo não é vida, é sobrevida; não é caminho, mas descaminho; não é verdade, mas ilusão e mentira. Por isso ele afirma: "Eu sou o caminho, a verdade e a vida. Ninguém vem ao Pai, a não ser por mim" (Jo 14:6).

Quando as pessoas caem em si e percebem que simplesmente sobrevivem em seus descaminhos e suas ilusões é que se lançam nos braços de Jesus Cristo. Ele as aceita incondicionalmente, perdoa e conduz a experimentarem o amor do Pai.

Assim, descobrem que Deus é um Pai bom e amoroso que ensina o caminho pelo qual se deve andar. Ele as conduz a toda a verdade e proporciona uma vida que vale a pena, pois, apesar de conflitos e dores, é possível permanecer na fé, na esperança e no amor.

"Eu vim para que tenham vida, e a tenham plenamente", disse Jesus (Jo 10:10). Isso significa plenitude de vida com ele na família, no trabalho e no círculo de amigos.

A verdadeira vida cristã reside nessa alegria de alma, nessa celebração íntima de um regozijo inexplicável no fundo do ser; uma leve, alegre e doce constatação de que estamos diante da face amorosa de Deus, que nos perdoa, aceita e recebe em sua presença, fazendo de nós, pecadores, seus filhos amados. Essa alegria de viver invade o cotidiano e extravasa num canto de gratidão e louvor.

Leituras recomendadas

A nuvem do não-saber. São Paulo: Paulinas, 1987.

AGOSTINHO. *As confissões*. Rio de Janeiro: Edições de Ouro, 1970.

ALVES, Rubem. *Creio na ressurreição do corpo*. Rio de Janeiro: Cedi, 1982.

BONHOEFFER, Dietrich. *Discipulado*. São Leopoldo: Sinodal, 1980.

_______. *Viver em comunhão*. São Leopoldo: Sinodal, 1982.

CLÉMENT, Olivier. *Fontes*. Juiz de Fora: Subiaco, 2003.

COLOMBAS, D. Garcia. *Diálogo com Deus*. São Paulo: Paulus, 1996.

CRUZ, João da. *Obras completas*. Petrópolis: Vozes, 1991.

D'ÁVILA, Tereza. *Castelo interior, ou, moradas*. São Paulo: Paulus, 1989.

EDWARDS, Jonathan. *A genuína experiência espiritual*. São Paulo: Publicações Evangélicas Selecionadas, 2004.

ELLUL, Jacques. *L'homme et l'argent*. Lausanne: Presses Bibliques Universitaires, 1979.

FAGGIN, Giuseppe. *Meister Eckart e a mística medieval alemã*. São Paulo: ECE, 1984.

FOSTER, Richard. *Celebração da disciplina*. São Paulo: Vida, 1978.

_______; SMITH, James Bryan. *Devotional Classics*. Nova York: Renovaré, 1993.

FÜLÖP-MILLER, René. *Os santos que abalaram o mundo*. Rio de Janeiro: José Olympio, 2004.

GRÜN, Anselm. *O céu começa em você*. Petrópolis: Vozes, 1999.

GUIGO II e outros. *Lectio Divina, ontem e hoje.* Juiz de Fora: Subiaco, 2005.

GUYON, Jeanne. *Experimentando Deus através da oração.* Rio de Janeiro: Danprewan, 1998.

HERNANDEZ, Carlos. *Viagem ao coração de si mesmo*. Curitiba: CPPC, 1999.

HESCHEL, Abrahan Joshua. *Deus em busca do homem.* São Paulo: Arx, 2006.

_______. *O Schabat.* São Paulo: Perspectiva, 2000.

HOUSTON, James. *Mentoria espiritual.* Rio de Janeiro: Textus, Sepal, 2002.

KEATING, Thomas. *Intimidade com Deus.* São Paulo: Paulus, 1999.

LAWRENCE, Irmão; LAUBACH, Frank. *A prática da presença de Deus.* Rio de Janeiro: Danprewan, 2004.

MANNING, Brennan. *O evangelho maltrapilho.* São Paulo: Mundo Cristão, 2005.

_______. *O impostor que vive em mim.* São Paulo: Mundo Cristão, 2006.

MERTON, Thomas. *A sabedoria do deserto.* São Paulo: Martins Fontes, 2004.

_______. *Diálogos com o silêncio.* Rio de Janeiro: Fissus, 2003.

NOUWEN, Henri. *A espiritualidade do deserto.* São Paulo: Loyola, 1997.

_______. *A volta do filho pródigo.* São Paulo: Paulinas, 2002.

_______. *O sofrimento que cura.* São Paulo: Paulinas, 2001.

OTO, Rudolf. *O sagrado.* São Bernardo do Campo: Metodista, 1985.

PENNINGTON, Basil. *Oração centrante.* São Paulo: Palas Atenas, 2002.

PETERSON, Eugene. *De volta à fonte.* Curitiba: Encontro, 2000.

Souza, Ricardo Barbosa de. *O caminho do coração.* Curitiba: Encontro, 1996.

Tuoti, Frank X. *Por que não ser místico?* São Paulo: Paulus, 1998.

Vallés, Carlos G. *Viver em comunidade.* São Paulo: Loyola, 1985.

Vaz, Armindo dos Santos. *A arte de ler a Bíblia.* Lisboa: Carmelo, 2002.

Yancey, Philip. *Maravilhosa graça.* São Paulo: Vida, 1999.

Bibliografia

ARENDT, Hanna. *Da violência*. Brasília: Edunb, 1982.

_______. *A vida do espírito*. Rio de Janeiro: Relume-Dumará, 1993.

DADOUN, Roger. *A violência*. Rio de Janeiro: Difel, 1998.

DUARTE, A. "Modernidade, biopolítica e violência: a crítica arendtiana do presente". Em *Colóquio: A banalização da violência*. Curitiba, 2002 (mimeo — versão preliminar).

DUBY, G. *O ano mil e o ano 2000*. São Paulo: Cia das Letras, 2002.

Caro leitor

Desejamos que este livro tenha correspondido a suas expectativas.
Para continuar a atendê-lo sempre melhor, compartilhe suas impressões de leitura desta obra escrevendo para:
opiniao-do-leitor@mundocristao.com.br

Cadastre-se para receber nossos informativos no *site*:
www.mundocristao.com.br

Acesse nosso *blog*:
www.mundocristao.com.br/blog

Editora Mundo Cristão
Rua Antonio Carlos Tacconi, 79
04810-020 — São Paulo, SP

Este livro foi composto por Sandra Oliveira,
em Agaramond, e impresso pela Imprensa da Fé
em papel Spbright 70g/m^2, com filmes
fornecidos pela MJ Serviços de Composição.